少林拳

全民健身项目指导用书

段海庆◎主编

吉林出版集团股份有限公司 全国百佳图书出版单位

图书在版编目（CIP）数据

少林拳／段海庆主编. -- 2 版. -- 长春：吉林出
版集团股份有限公司, 2010.2 (2024.8 重印)
全民健身项目指导用书
ISBN 978-7-5463-2378-7

Ⅰ. ①少… Ⅱ. ①段… Ⅲ. ①少林拳－基本知识
Ⅳ. ①G852.15

中国版本图书馆 CIP 数据核字(2010)第 028375 号

全民健身项目指导用书

少林拳

SHAOLINQUAN

主　　编	段海庆
责任编辑	赵　萍
封面设计	吕宜昌
开　　本	650mm×960mm　1/16
印　　张	8
字　　数	60 千
版　　次	2010 年 2 月第 2 版
印　　次	2024 年 8 月第 4 次印刷
出版发行	吉林出版集团股份有限公司
地　　址	吉林省长春市福祉大路 5788 号
邮　　编	130000
电　　话	0431-81629968
电子邮箱	11915286@qq.com
印　　刷	三河市金兆印刷装订有限公司
书　　号	ISBN 978-7-5463-2378-7　　定　价　39.80 元

序言

自 1995 年我国政府推出《全民健身计划纲要》以来，我国群众性体育活动蓬勃发展，取得了显著的成绩。2008 年,举世瞩目的北京奥运会的成功举办，极大地激发了亿万人民群众的体育热情，增强了全社会的体育意识,营造了浓厚的全民健身氛围。面对这样的可喜局面,群众体育科研、教学工作者应义不容辞地为社会实践服务,从不同角度思考,如何使普通百姓通过简而易行的身体锻炼方式、方法和手段达到良好的健身效果,达到拥有健康的目标,从而享受生活、享受快乐人生。该书系就是在这样的思想指导下诞生的。

本书系能够顺应国家体育的大政方针,掌握时代脉搏,对指导大众健身,使大众掌握健身方法和手段有很好的促进作用。

本书系图文并茂,实用性强,分为球类运动、体操健身运动、传统武术、冰雪运动、水上运动、体育舞蹈、休闲运动、格斗运动、民间体育活动和极限运动等十大类项目,计 100 分册,按照统一的体例,力争有所创新。每册的具体内容为该项目的起源与发展、运动保健、基本技术、运动技巧、比赛规则等，使读者在学习过程中，不仅能够学会运动健身的方法，同时还能够学到保健方面的基本知识。

经国务院批准，自 2009 年起，将每年的 8 月 8 日定为"全民健身日"。《全民健身项目指导用书》的出版，必将为开展全民健身活动起到积极的推动和指导作用。

目录 CONTENTS

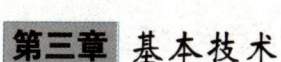

目录 **CONTENTS**

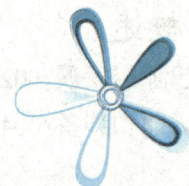
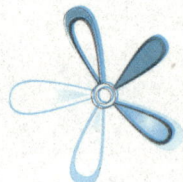

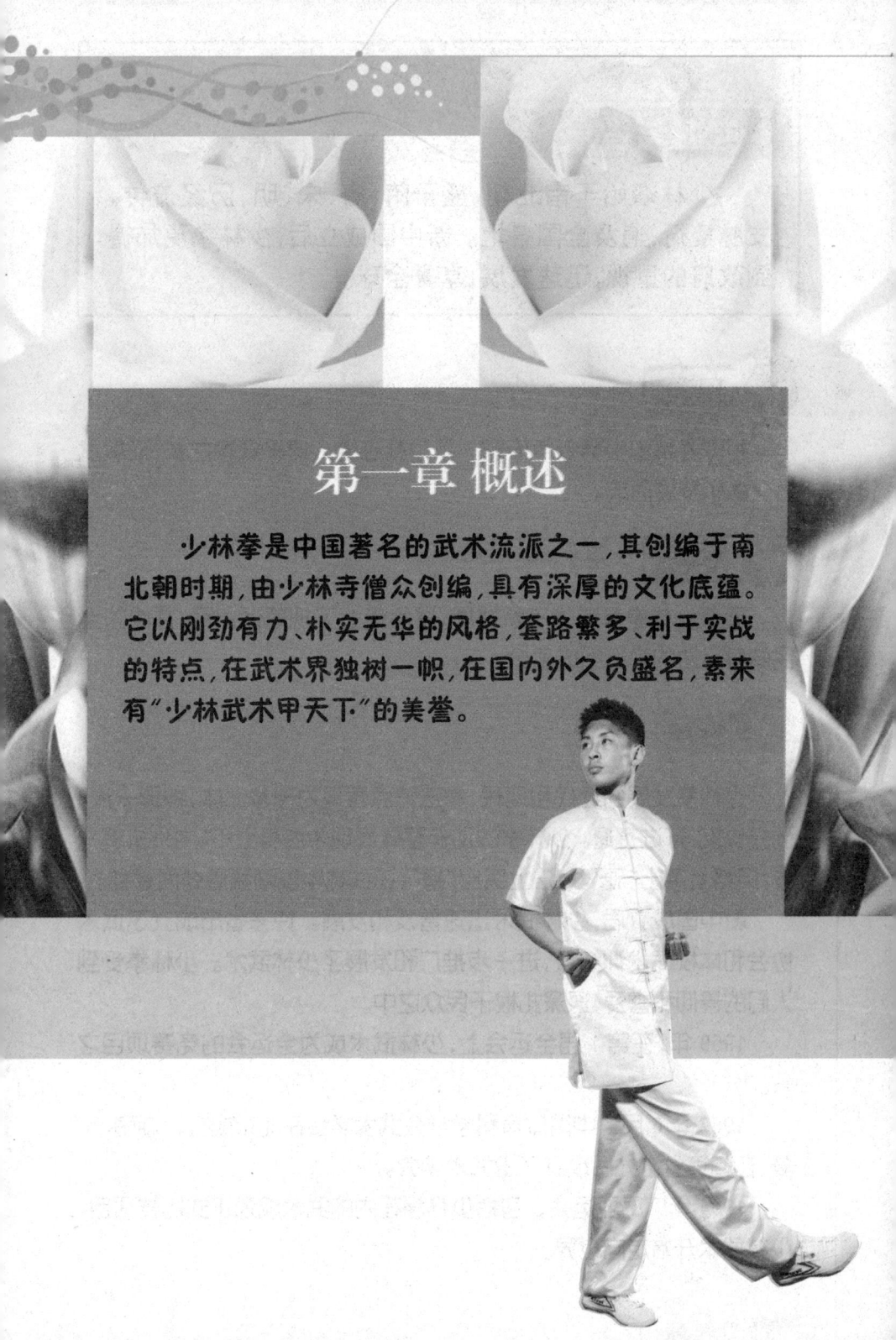

第一章 概述

　　少林拳是中国著名的武术流派之一,其创编于南北朝时期,由少林寺僧众创编,具有深厚的文化底蕴。它以刚劲有力、朴实无华的风格,套路繁多、利于实战的特点,在武术界独树一帜,在国内外久负盛名,素来有"少林武术甲天下"的美誉。

第一节
起源与发展

少林拳始于南北朝,盛于隋、唐、宋、明,历经流传,支脉繁衍,遍及全国各地。新中国成立后,少林拳更加得到政府的重视,迅速发展,享誉全球。

相传为嵩山少林寺所传留。系少林寺僧人博采众家之长,汇集武艺之精华发展而成。

随着少林拳拳法的不断发展,逐步走上了规范化道路,并成为全民健身运动的有机组成部分。

少林拳发展到近代和现代,拳法特点表现为禅拳一体,神形一片,硬打快攻,齐进齐退。少林拳的动作整体表现为全身上下、内外协调一致,风格上突出"硬",技法上突出"搏",在武林中以刚猛遒劲而著称。

新中国成立后,少林武术迅速普及和发展。许多省市成立了武术协会和体校武术训练班,进一步推广和发展了少林武术。少林拳受到人们的景仰和喜爱,深深扎根于民众之中。

1959 年,在第 1 届全运会上,少林武术成为全运会的竞赛项目之一。

1987 年 6 月,中国体育科学学会武术学会在北京成立,湖南、宁夏、江苏等省也先后成立了省武术学会。

1994 年广岛亚运会,包括少林拳在内的武术成为正式比赛项目,少林武术开始走向世界。

2006 年，少林武术被国务院认定为中国首批"非物质文化遗产"，少林武术的影响力越来越大，成为备受推崇的武术项目之一。

如今，少林拳在国外盛行。日本少林寺拳法联盟和其他国家少林拳爱好者频频来华访问少林寺。少林拳这项古老的运动正以崭新的姿态走向世界。

 发展趋势

为更广泛地开展群众性体育活动，增强人民体质，推动我国社会主义现代化建设事业的发展，1995 年 6 月，国务院提出了《全民健身计划纲要》，号召全社会广泛开展全民健身运动。目前，全民健身运动在全国范围内蓬勃发展，具有中国特色的全民健身体系的框架已经初步形成。全民健身运动的开展，有利于提高人们的生活质量，丰富人们的业余文化生活，促进社会进步，有利于加强社会主义精神文明和物质文明建设，提高我国的综合国力，振奋民族精神。

少林拳内容丰富，形式多样，风格独特，运动简便，老少皆宜，具有广泛的群众基础。长期习练可以提高身体的协调性、灵活性和柔韧性，有助于身体各部位的均衡发展，改善神经系统机能，对心血管系统有良好的作用。因此，随着全民健身运动的蓬勃发展，少林拳已成为全民健身计划的重要组成部分。

第二节

场地和装备

　　少林拳对场地和装备的要求并不高,但是高质量的场地是运动开展的前提,而良好的装备则是练习者发挥较高水平的必要保证。

　　初学者最好在体育馆或武术馆内的正规场地练习,练习时一定要遵循循序渐进的原则,以减少运动损伤。

　见图 1-2-1

　　(1)正规比赛单练和对练项目的场地为长 14 米,宽 8 米。
　　(2)集体项目的场地为长 16 米,宽 14 米。
　　(3)场地四周内沿应标明 5 厘米宽的边线,周围至少有 2 米宽的安全区(集体项目场地周围至少有 1 米宽的安全区)。

图 1-2-1

 设施

比赛场地应铺设地毯，以防止运动损伤。

 要求

（1）比赛场地上空，从地面量起至少应有 8 米的无障碍空间。

（2）如设两个以上比赛场地，两场地之间应有 6 米以上的距离。此安全区必须增加 2 米宽。

 装备

练习少林拳时最好穿专业的武术服和武术鞋，这样既有利于动作的练习和美感，同时又可避免不必要的运动损伤。

 服装　见图 1-2-2

（1）女子为中式半开门小褂（长袖或短袖自定），5 对中式直裢。

（2）男子为中式对襟小褂（长袖或短袖自定），7 对中式直裢。

（3）灯笼袖，袖口处加两对中式直裢。

（4）扎软腰巾，中式裤，西式腰，立裆要适宜。

图 1-2-2

 鞋　见图 1-2-3

比赛和表演中常见的是以羊皮或帆布制面、软胶制底的武术表演专用鞋，这种鞋既舒服又美观。

图 1-2-3

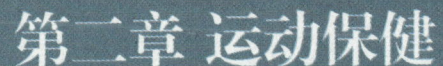

第二章 运动保健

　　体育运动对增强体质、预防疾病和促进健康具有良好的作用。但是,并非所有人从事相同的运动都会达到同样的效果。对于同一种运动负荷,不同人机体的反应差异是很大的,即使同一个体,在不同时期、不同机能状态下,对同一负荷的反应及效果也是不一样的。因此,对于不同个体,应制定适合其机能需要的运动强度、时间、频率和持续周期。从事体育锻炼一定要讲究科学性,使机体最大限度地获得运动价值,使某些疾病得到有效的防治。

第一节

自我身体评价

自我身体评价是指根据个体的不同情况以及简单的功能评定标准，对锻炼者进行身体评价，并以此为依据，确定具体的锻炼内容。

体适能是全身适应性的一部分，是人体精神和体力对现代生活的适应能力。为了促进健康，预防疾病，提高生活质量和工作学习效率，几乎所有人都可以追求健康体适能，而且经过简单的评价和测试，均可以成为目标人群，即适宜人群。

 健康体适能评价标准

健康体适能是指身体有足够的活力和精力处理日常事务，而不会感到过度疲劳，并且还有足够的精力去享受休闲活动和应对突发事件。

健康体适能是确定锻炼者是否为运动适宜人群的主要依据。目前的评价标准主要包括国民体质测定标准、学生体质测定标准和普通人群体育锻炼标准等。

国民体质测定标准主要包括形态指标、机能指标和素质指标3个部分，各项指标的测定结果均为1～5分，共5个级别。凡各项指标达不到4分或5分者，均应被纳入健身人群。

学生体质测定标准分为优秀、良好、及格和不及格4个级别。优秀水平以下者，均应被纳入健身人群。

普通人群体育锻炼标准分为5个级别，凡达不到4分或5分者，均应被纳入健身人群。

简易运动功能评定

简易运动功能评定的目的在于确定锻炼者有无运动禁忌症或临时运动禁忌的情况，即是否适合参加体育锻炼，以达到防备万一、避免意外事故发生的目的。目前通行的方式为 3 分钟踏台阶测试。

目的

测试锻炼者运动后心率恢复的情况，以评估其心肺功能。

器材　见图 2-1-1

30 厘米高的长凳、节拍器、秒表和时钟。

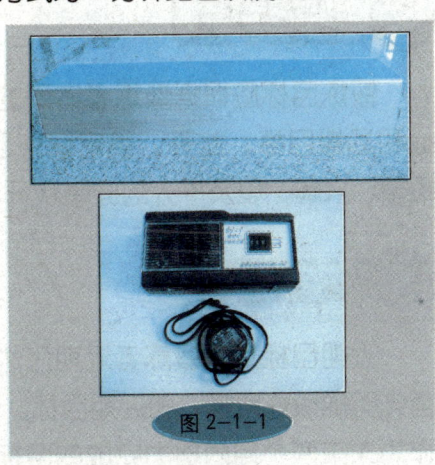

图 2-1-1

步骤　见表 2-1-1

（1）节拍器设定为每分钟 96 次，锻炼者依"上上下下"的节拍运动 3 分钟。

（2）锻炼者完成 3 分钟踏台阶后，5 秒钟内开始测量其脉搏，时间为 1 分钟，记录其心率，并依据下表评价其功能水平。

（3）运动后心率越低，证明其心肺功能越好。在运动强度允许的范围内，锻炼者可选择运动强度的较高值来进行运动。

表 2-1-1　**3 分钟踏台阶测试评价表**

	年龄（岁）	欠佳（次）	尚可（次）	一般（次）	良好（次）	优异（次）
男士	18~25	>115	105~114	98~104	89~97	<88
	26~35	>117	107~116	98~106	89~97	<88
	36~45	>119	112~118	103~111	95~102	<94
	46~55	>122	116~121	104~115	97~103	<96
	56~65	>119	112~118	102~111	98~101	<97
	65+	>120	114~119	103~113	96~102	<95
女士	18~25	>125	117~124	107~116	98~106	<97
	26~35	>128	119~127	111~118	98~110	<97
	36~45	>128	118~127	110~117	102~109	<101
	46~55	>127	121~126	114~120	103~113	<102
	56~65	>128	118~127	112~117	104~111	<103
	65+	>128	122~127	115~121	101~114	<100

注意事项

如锻炼者经过努力仍无法达标，或出现头晕、胸闷、出冷汗等症状，应立即终止测试。运动中应特别考虑运动强度，以防止出现意外。

锻炼目标

锻炼目标应根据锻炼者不同的身体状况来确定，可分为近期目标和远期目标。此外，确定锻炼目标还应结合锻炼者的运动意向、愿望、兴趣，以及本人的健康状况、疾病程度等因素来进行。

近期目标

近期目标是指锻炼者近期应达到的目标。在进行运动之前，应首先明确锻炼目标，即近期目标。选择一两个健康体适能构成要素，作为未来两个月内努力完成的目标，而且应从成功概率较高的构成要素开始，并将预期两个月后要达到的目标做上记号，如提高某个或某些关节的活动幅度，增强某个肌肉群的力量等。

远期目标

远期目标是指锻炼者最终要达到的目标。实践证明，经过科学合理的锻炼后，锻炼者是可以达到一般的远期目标的，如提高心肺功能，使其达到优秀的等级，或达到降血脂、防治高血压和冠心病的目的等。

运动负荷

运动负荷即运动量。怎样控制运动量，合适的运动时间是多少等，一直是人们争论不休的问题。但有一点是可以肯定的，那就是任何有关身体活动的意见和建议，都需要综合考虑锻炼者的身体状况和所要达到的目标，并以此为依据来制订科学的身体锻炼计划。

运动强度

在运动过程中，运动强度过小，则无法达到锻炼的效果；运动强度过大，不仅达不到最佳的锻炼效果，还可能产生一些副作用，甚至出现意外事故。确定运动强度有两种方法，即心率简易推测法和主观感觉疲劳分级表推测法。

心率简易推测法

（1）年龄在 20 岁左右的年轻人，身体健康，能坚持体育锻炼，欲进一步提高身体机能，可取最大心率值（最大心率值＝220－年龄）的 65%～85%。

（2）年龄在 45 岁以下，身体基本健康，有运动习惯者，开始进行健身锻炼，可取最大心率值的 65%～80%，没有运动习惯者，开始进行健身锻炼，可取最大心率值的 60%～75%。

（3）年龄在 45 岁以上，身体基本健康，有运动习惯者，开始进行健身锻炼，可取最大心率值的 60%～75%，没有运动习惯者，建议根据自身情况咨询专业人员来指导和确定运动强度。

主观感觉疲劳分级表推测法　见表 2-1-2

运动的疲劳程度大致分为 10 级,具体为:0～1 级,没感觉;2～3 级,尚轻松;4～5 级,稍累;6～7 级,累;8～9 级,很累;10 级,精疲力竭。因此,健身锻炼的运动强度应控制在主观感觉疲劳程度的 4～7 级。

表 2-1-2　　主观感觉疲劳分级表

0 没感觉		2 尚轻松		4 稍累		6 累		8 很累		10 精疲力竭
	.		.		.		.		.	

 **运动频率**

运动频率是指每日及每周锻炼的次数。一般每周锻炼 3～4 次，即隔日锻炼 1 次即可。有充足的休息时间，可使机体得到充分的休息，收到更好的锻炼效果。

 **运动持续时间**

运动强度和运动持续时间，决定了一次锻炼的运动量和热量消耗。运动持续时间与运动强度成反比，运动强度大，运动持续时间可相应缩短，运动强度小，则运动持续时间应相应延长。

一般的健身锻炼，运动持续时间以每天 20～60 分钟为宜，其中包括准备活动时间、健身锻炼时间和整理活动时间。每次健身锻炼应在 20 分钟以上，锻炼可一次性完成，也可分段进行，但每段的活动时间应在 10 分钟以上。

第二节
运动价值

运动价值是人们一直在探讨的问题。一般认为，运动具有两方面的价值，即健身价值和心理价值。身体和精神的健康是相互依存的，伴随着身体功能的改善，精神状况也能同时得到改善。

 **健身价值**

健身价值在于提高体适能。体适能包括心肺耐力素质、肌肉力量素质、柔韧性素质和身体成分等。体适能的发展是积极从事锻炼的结果，只有规律性的体育锻炼才能达到最佳的体适能。

提高心肺耐力素质

心肺耐力是指全身肌肉进行长时间运动的持久能力，是体内心肺系统对身体各细胞的供氧能力。人体的心脏、肺、血管、血液等组织的功能是心肺耐力的基础，它们与氧气和营养物质的输送以及代谢物的清除有关。健全的心肺功能是健康的基本保证。

系统的体育锻炼，可以使心肌增厚，收缩力加强，心室容积增大，从而使心脏的泵血功能增强，表现为心血输出量增加。

系统的体育锻炼，呼吸系统机能也将得到提高，表现为呼吸肌的力量增强，肺活量、肺通气量明显增加，保证对机体供氧的能力。

系统的体育锻炼，可以促进血管系统的形态、机能和调节能力产生良好的适应力，从而提高机体的工作能力。

系统的体育锻炼，可以使血液系统产生某些适应性变化，如血容量增加、血黏度下降、红细胞膜弹性增强和红细胞变形能力增强等。

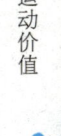

 提高肌肉力量素质

肌肉力量是指肌肉最大收缩产生的对抗阻力或负荷的能力。肌肉力量只有达到一定的程度，才能克服外界阻力，而克服外界阻力是维持日常生活自理、从事各种劳动和运动的必要前提。

系统的体育锻炼，可以提高肌肉的生理横断面积，可以改善神经系统对肌肉收缩的支配功能，还可以提高肌肉内代谢物质的储备量，使肌肉力量得到提高。

 提高柔韧性素质

柔韧性是指人体各关节的活动幅度，即关节的肌肉、肌腱和韧带等软组织的伸展能力。柔韧性对于保证正常生活质量、维持正常体态、预防损伤发生和减轻损伤程度等方面均起到至关重要的作用。

系统的体育锻炼，还可以延缓因年龄因素而导致的柔韧性下降，预防因缺乏运动而导致的关节结构、周围软组织和膝关节肌肉退化，从而使锻炼者的日常生活、劳动和运动等更加充满活力。

改善身体成分

身体成分是指人体体重中的脂肪组织和去脂组织的重量百分比。身体成分中的脂肪成分增加，肌肉成分必然下降。身体中不具备收缩功能的脂肪组织增加，必然导致身体进行各种活动的能力下降，基础代谢水平降低，肥胖症、冠心病、高血压、糖尿病、高血脂等慢性疾病发病率的提高。因此，身体成分是保证人体健康的重要内容之一。

通过系统的体育锻炼，随着锻炼者体质的增强，热量消耗便随之增加，进而燃烧掉体内多余的脂肪，使身体成分得到改善。而身体成分的改善，又可以减少体重对关节可能带来的不利影响，还可以使肥胖者的心理状况得到改善，增强其自信心，使其逐步建立起健康的生活方式。

心理价值

研究证明，有规律的体育锻炼不但可以使锻炼者增强体质、促进身体健康、预防一些慢性疾病，还可以提高锻炼者的生活满意度和生活质量，对其心理健康产生积极影响。

体育锻炼的心理健康效应主要表现在六个方面：

改善情绪状态

短期效应

研究发现，体育锻炼对人的情绪状态具有显著的短期效应。运动后人们的焦虑、抑郁、紧张和心理紊乱等症状会明显减轻，而精力和愉快程度则明显增强。而且这种情绪的迅速变化，与锻炼者个体的健康状况、活动形式和活动强度等有着直接的联系。

 长期效应

体育锻炼对人情绪的长期效应有着直接的影响，与不锻炼者相比，有规律的锻炼者在较长时期内很少会产生焦虑、抑郁、紧张和心理紊乱等情绪。

完善个性行为特征 见表 2-2-1

人们的行为特征一般可以分为两种类型，用 A 型行为特征和 B 型行为特征来表示。A 型行为特征主要表现为性情急躁、争强好胜、容易激动、整天忙碌和做事效率高等。B 型行为特征主要表现为不好竞争、不易紧张、不赶时间、对人随和、喜欢自由自在等。具有 A 型行为特征的人由于过度紧张的情绪反应，会引起内分泌失调，增加心脏病发病的概率。目前的一些研究主要集中在体育锻炼对改变 A 型行为特征的作用方面。研究结果表明，有规律的体育锻炼能明显改变 A 型行为特征。

表 2-2-1   A、B 型个性行为特征常见表现

A 型行为特征者常见表现	B 型行为特征者常见表现
约会从来不迟到	对约会很随便
竞争意识很强	竞争意识不强
别人要讲话时总爱抢先或插话	是别人讲话时很好的听众
总是匆匆忙忙	即使有压力也从不匆忙
等待时缺乏耐心	能够耐心等待
干事时全力以赴	处事漫不经心
同时想干很多事	在一段时间里只干一件事情
讲话喜欢用加强语气,甚至敲桌子	讲话语速缓慢、不慌不忙
做了好事希望能得到别人的认可	只要自己满意即可,不管别人怎样想
吃饭、走路都很快	做事情很慢
不善与人相处	为人随和
容易暴露自己的感情	能控制自己的感情
具有广泛的兴趣	没什么业余爱好
雄心壮志	满足于目前的工作和学习状况

确立良好自我概念

自我概念是指个体对自己身体、思想和情感的主观整体评价，它由许多自我认识组成，包括我是什么人、我主张什么和我喜欢什么等。

坚持体育锻炼，可以使锻炼者体格强健、精力充沛、提高驾驭身体的能力，从而改善对自身的满意程度，确立良好的自我概念。

改变睡眠模式

根据脑电图的显示，人的睡眠可以分为两种状态，即慢波睡眠状态和快波睡眠状态。前者为浅度睡眠状态，后者为深度睡眠状态。一夜之间两种睡眠状态会交替发生 4～5 次。

有规律的体育锻炼不仅对慢波睡眠有促进作用，而且能缩短入眠的潜伏期，并延长睡眠的时间。

改善认知能力

体育锻炼还能改善人的认知过程，避免反应时间过长、注意力不集中和思维混乱等症状的发生，尤其对老年人的认知能力改善效果更为明显。

增加心理治疗效应

体育锻炼被公认为是一种心理治疗的好方法。目前人群中常见的心理疾患是抑郁症和焦虑症。研究发现，体育锻炼是治疗抑郁症的有效手段之一，抑郁症患者经过有规律的体育锻炼，抑郁症状能明显减轻。

体育锻炼还具有治疗焦虑症的作用，通过有规律的体育锻炼，可以使锻炼者的焦虑症状明显改善。

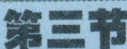

第三节

运动保护

在运动过程中，人体机能会随时发生变化。因此，应针对这种机能变化的特点来进行体育锻炼，也就是我们所说的运动保护。运动保护一般包括运动前准备、运动后放松和自我养护三个方面。

运动前准备 ◆◆◆◆◆◆◆◆◆◆

准备活动是指在正式运动之前进行的有目的的身体练习。做好充分的准备活动，可以缩短机体进入最佳状态的时间，同时还可以预防运动损伤的发生，为机体发挥最大的工作效率做好功能上的准备。

▼ 准备活动的作用

 提高中枢神经系统兴奋状态

(1)使大脑反应速度加快，参加活动的运动中枢神经相互协调。

(2)为正式运动时生理机能达到适宜程度提前做好准备。

提高机体代谢水平

(1)准备活动可以使锻炼者体温升高，降低肌肉黏滞性，使肌肉的伸展性、柔韧性和弹性增强，从而有效预防运动损伤的发生。

(2)准备活动可以增强体内代谢酶的活性，使物质代谢水平提高，以保证运动时有较充分的能量供应。

克服内脏器官生理惰性

(1)准备活动可以提高心血管系统和呼吸系统的机能水平，使肺通气量及心血输出量增加。

(2)可以使心肌和骨骼肌的毛细血管扩张，使其工作肌获得更多的氧，从而克服内脏器官的生理惰性，使之尽快达到最佳状态。

运动保护

增加皮肤毛细血管血流量

准备活动可以使皮肤毛细血管的血流量增加，运动后毛细血管扩张，有利于散热，降低体温，有效防止开始正式活动时由于体温过高而影响运动能力。

准备活动要求

准备活动时间

（1）准备活动的时间可以根据运动项目的具体情况确定，一般以10～30分钟为宜。

（2）准备活动与正式运动的间隔时间，一般以不超过15分钟为宜，可以在做完准备活动后立刻进行正式运动。

准备活动强度

（1）准备活动的强度和量应较正式运动小，以免引起不必要的疲劳。

（2）准备活动的量可以由心率来决定，心率以100～120次／分为宜。

准备活动内容

一般性准备活动

一般性准备活动的内容多以伸展运动开始，然后进行一般性的跑步、徒手体操等活动。

下面介绍一套常用的一般性准备活动操，供锻炼者运动前使用。这套活动操主要包括头部运动、肩部运动、扩胸运动、体侧运动、体转运动、髋部运动和踢腿运动等。

图 2—3—1

头部运动

头部运动的动作方法（见图 2-3-1）：两手叉腰，两脚左右开立，做头部向前、向后、向左、向右，以及绕环运动。

肩部运动

肩部运动的动作方法（见图 2-3-2）：手扶肩部，屈臂向前、向后绕环，以及直臂绕环。

扩胸运动

扩胸运动的动作方法（见图 2-3-3）：屈臂向后振动及直臂向后振动。

体侧运动

体侧运动的动作方法（见图 2-3-4）：两脚左右开立，一手叉腰，另一臂上举，并随上体向对侧振动。

体转运动

体转运动的动作方法（见图 2-3-5）：两脚左右开立，两臂体前屈，身体向左、向右有节奏地扭转。

髋部运动

髋部运动的动作方法（见图 2-3-6）：两脚左右开立，两手叉腰，髋关节放松，向左、向右 360 度旋转。

图 2-3-2

图 2-3-3

踢腿运动

踢腿运动的动作方法（见图 2-3-7）：两臂上举后振，同时一腿向后半步，重心置于前腿，两臂下摆后振，同时向前上方踢腿。

图 2-3-4

图 2-3-5

图 2-3-6

图 2-3-7

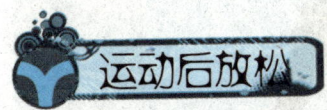

专门性准备活动的动作方法、节奏和强度等与正式锻炼相似，目的是使人体主要肌群在运动前得到动员，为正式锻炼做好准备。

运动后放松

运动后放松是指运动之后所进行的一些能够加速机体功能恢复的、较轻松的身体活动。与运动前准备活动相反，其目的是使锻炼者的生理机能水平逐步得到恢复。

放松方法

运动性手段

(1)运动结束后，锻炼者可采用变换运动部位的方法来消除疲劳，如上肢出现疲劳时可做一些慢跑运动，下肢出现疲劳时可做一些上肢运动。

(2)转换运动类型也是一种不错的放松方法，如打羽毛球出现疲劳时，可从事瑜伽运动来达到放松的目的。

(3)还可以用调整运动强度的方法来缓解疲劳，如可以在放松过程中，采用小强度的轻微运动方法等。

整理活动　见图2-3-8

(1)整理活动是指运动后所做的一些能够加速机体功能恢复的身体活动，如剧烈运动后进行 3～5 分钟慢跑或其他整理活动，使身体机能得以恢复。

(2)剧烈运动后如不做整理活动而骤然停止动作，会影响氧气的补充和静脉血的回流，使机体血压降低，引起不良反应。

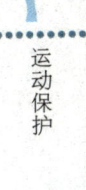

图 2-3-8

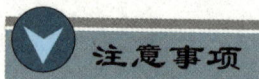

（1）在进行整理活动时动作应缓慢、放松，运动量不要过大，否则会引起新的疲劳。

（2）在进行整理活动时，应当保持心情舒畅、精神愉快。

锻炼后，锻炼者感觉身体疲劳是一种正常的生理现象，是体育锻炼过程中的正常反应，随着体育锻炼时间的延长，疲劳症状会自然消失。运动性疲劳出现后，锻炼者如果采用一些自我养护措施，可以加速身体机能的恢复，尽快消除疲劳，提高锻炼效果。常见的自我养护方法主要包括运动后休息、合理营养和物理手段等三种。

静止性休息　见图 2-3-9

（1）静止性休息是指锻炼者运动后保持机体相对的静止状态，以促进身体机能的恢复，尽快消除疲劳。

（2）静止性休息的最佳方式之一是睡眠，特别是刚开始从事锻炼者，身体不适应或疲劳症状明显时，更应该保证足够的睡眠，否则，锻炼者虽然积极参加了体育锻炼，但收效甚微，甚至会导致过度疲劳症状的发生。

（3）静止性休息更适合于消除全身运动导致的整体疲劳症状。

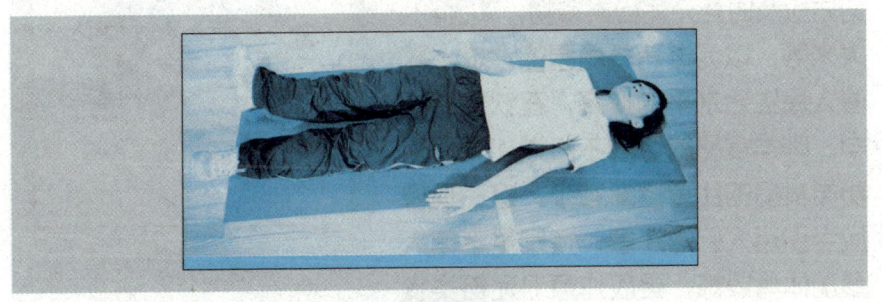

图 2-3-9

 积极性休息  见图 2-3-10

（1）积极性休息更适合由于少量肌肉群参与工作而导致的局部疲劳，或运动强度较大而导致的快速疲劳。

（2）积极性休息可以加速血液循环，有利于代谢物排出体外，对促进身体机能的恢复具有明显的效果。

图 2-3-10
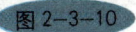

 合理营养　　见图2-3-11

图2-3-11

小强度、长时间的运动形式，主要是靠糖原的有氧代谢提供能量。运动后应及时补充淀粉类食物，如面粉、大米等，以促进消耗糖原的合成。随着人民生活水平的提高，在饮食结构中，肉类食品的比重不断增加，而淀粉类食品的比重逐渐减少，这一现象应当引起人们的注意，特别是老年人参加体育锻炼，更应注意对淀粉类食物的补充。

强度较大、时间又相对较长的运动形式，主要是靠糖原的无氧代谢提供能量。这样，糖原无氧代谢产物——乳酸便会在体内大量堆积。因此，运动后应多补充蔬菜、水果等碱性食品，以加速乳酸的清除，达到尽快消除疲劳的目的。

 物理手段

按摩及牵拉　　见图2-3-12

（1）通过刺激神经末梢、皮肤结缔组织和毛细血管的按摩方法，可以使紧张的肌肉得以放松，从而改善局部组织和全身的血液循环，达到促进身体机能恢复的目的，这种方法可以在锻炼后马上进行。

（2）此外，还可以采取缓慢牵拉肌肉的方法，使收缩的肌肉得到充分的伸展放松。

水疗及电疗

（1）水疗包括芬兰式蒸汽浴、热水浴和桑拿浴等多种形式，主要作用是通过提高体温，促进血液循环，清除代谢物，以达到尽快消除疲劳、恢复体力的目的。

（2）水疗的时间一般以不超过30分钟为宜，如果时间过长，会进一步消耗体力，严重时甚至会出现暂时性脑缺血现象。

（3）如果条件允许，还可对疲劳的肌肉进行低频治疗。低频治疗仪的原理是模拟针灸疗法，使用时将电极用不干胶对称地粘贴在运动部位表皮上。这种疗法可以促进局部血液循环，改善组织代谢，缓解肌肉酸痛，消除疲劳。

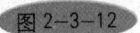
图 2—3—12

第三章 基本技术

少林拳的基本技术是少林拳练习的入门技术,是各种套路动作的基础。只有熟练掌握了基本技术,才能在套路表演中挥洒自如,游刃有余。少林拳的基本技术包括基本动作和基本功等。

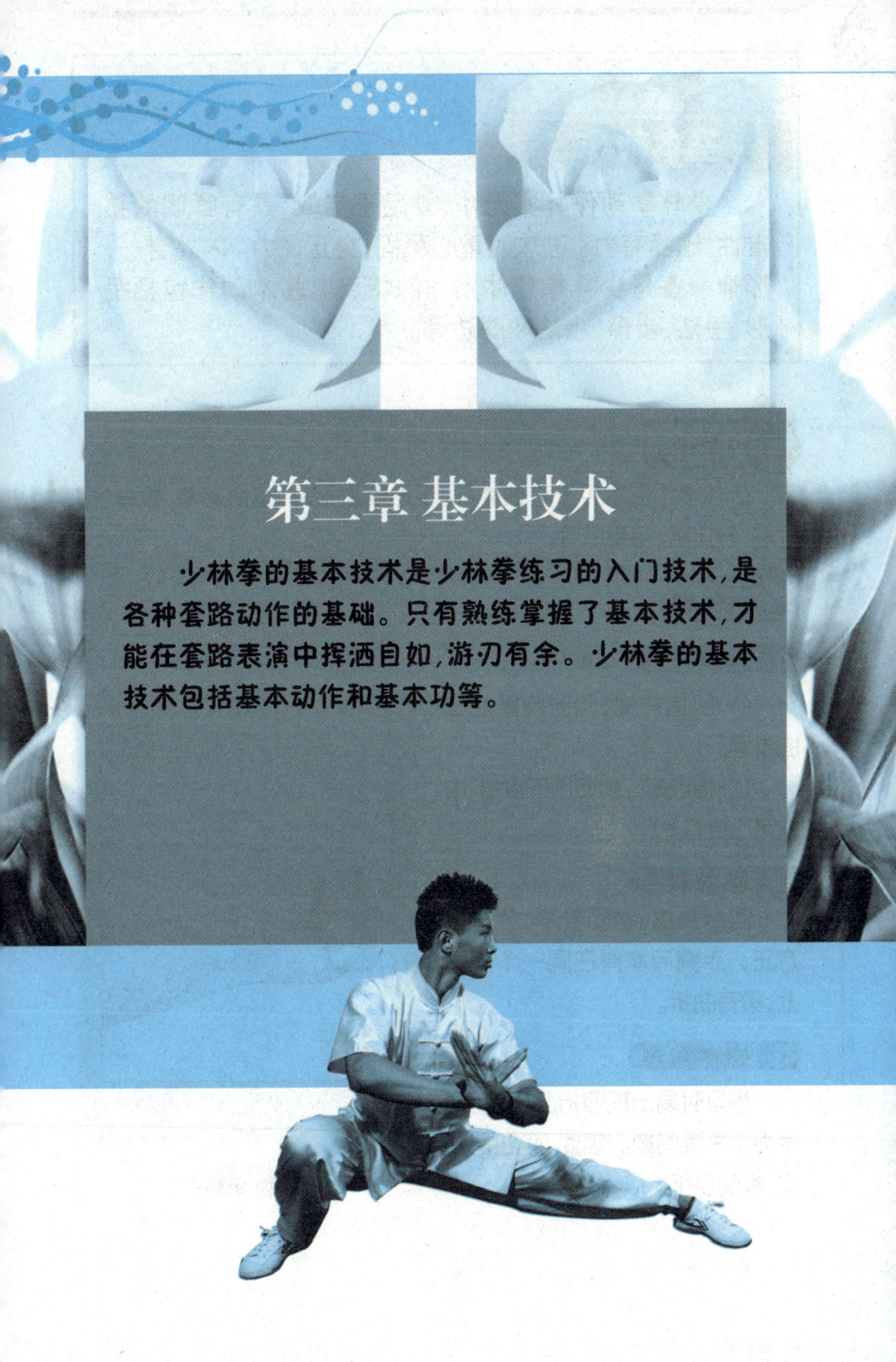

第一节

基本动作

少林拳动作朴实无华,立足于实战,具有鲜明的技击性,迅猛有力。进攻时重心稳固,身正发力。内外合一,形神兼备是少林拳整体动作的特点。基本动作包括手形、手法、步形、步法和腿法等。

 手形 ◆◆◆◆◆◆◆◆◆

少林拳手形常见于其他拳种,手形较为平常,包括方拳、棱拳、柳叶掌、分指掌、勾和爪等。

▼ 方拳

❀ 动作方法 见图3-1-1

(1)四指并拢,同时向掌心弯曲卷紧。

(2)拇指第二指节压于食指、中指第二指节上。

❀ 技术要点

四指并拢,拳面要平,外形似方正,手腕与拳背在同一个平面上,勿有曲折。

❀ 错误纠正

练习时易出现四指凸出拳面、拳面不平等问题。因此,应四指并拢,拳面要平。

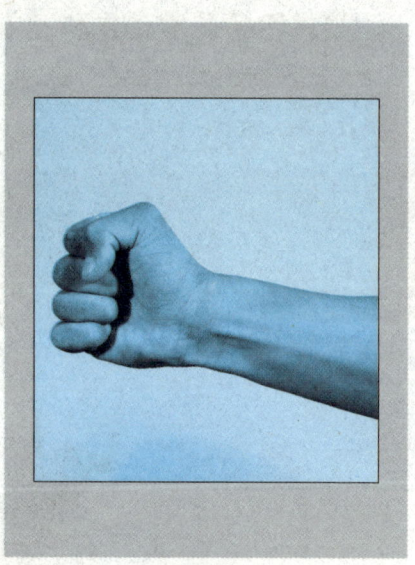

图3-1-1

棱拳

动作方法 见图3-1-2

四指并拢，同时弯曲内扣，拇指弯曲后，以第二指节面紧顶食指、中指、无名指的第三指节。

技术要点

拳要紧，拳棱要突出。

错误纠正

练习时易出现拳形不正、拳面不平等问题。因此，应四指并拢，同时弯曲内扣，拇指弯曲紧扣与食指、中指、无名指的第三指节。

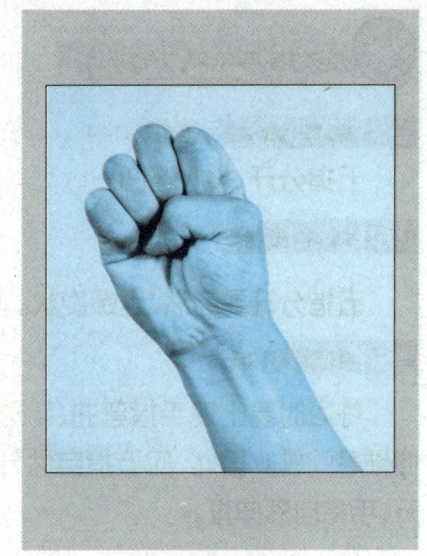

图 3-1-2

柳叶掌

动作方法 见图3-1-3

四指并拢伸直，拇指弯曲紧内扣。

技术要点

四指并拢伸直向后伸张，拇指一节屈拢于食指一侧。

错误纠正

练习时易出现指关节僵硬、拇指不易内扣等问题。因此，应注意四指并拢伸直，拇指弯曲内扣。

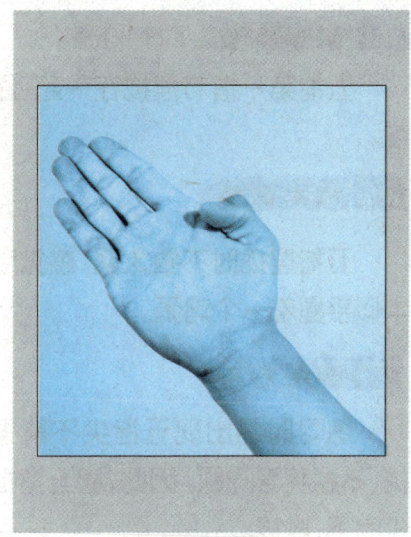

图 3-1-3

分指掌(透风掌)

 动作方法 见图 3-1-4

五指分开,掌心略凹。

技术要点

五指分开要自然,呈螺旋状。

错误纠正

练习时易出现手指弯曲、手形僵硬等问题。因此,应五指自然分开,手指自然伸直。

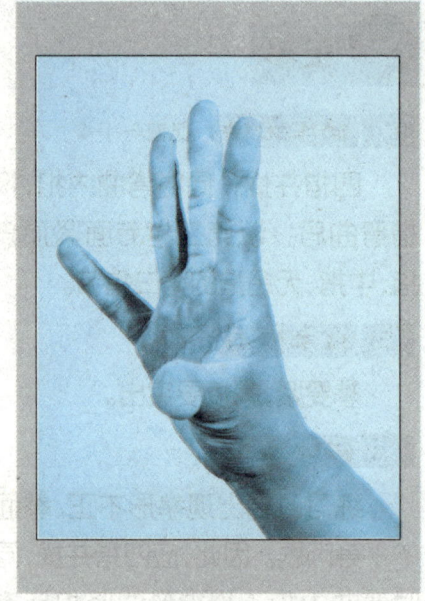

图 3-1-4

勾

 **动作方法** 见图 3-1-5

五指第一指节捏拢在一起,屈腕。

技术要点

五指捏拢时不要太紧,感觉手中似乎握着一个鸡蛋。

错误纠正

练习时易出现五指尖不能捏拢、不屈腕等问题。因此,应五指指尖向下,收拢。

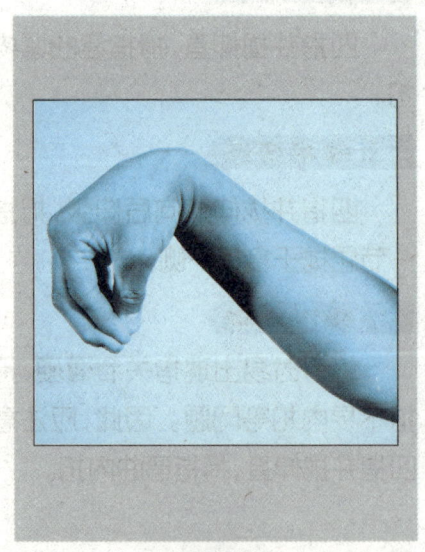

图 3-1-5

爪

🌸 动作方法　见图3-1-6

五指用力分开内扣,掌心凸突。

🌸 技术要点

保持适当的弯曲度,要内含一定劲力,不能空具形势,要有鹰爪之利。

🌸 错误纠正

练习时易出现五指不弯曲内扣、难呈抓物状等问题。因此,应保持适当的弯曲度,内含一定劲力。

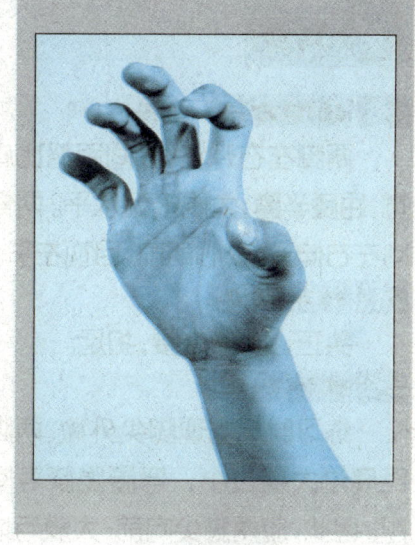

图3-1-6

步形

少林拳步形较常见,在演练中应注重稳固重心,且加强灵活起动的训练,包括弓步、马步、仆步、虚步、歇步、丁步和坐盘等。

弓步

🌸 动作方法　见图3-1-7

前腿屈膝前弓,脚尖略内扣,大腿高于水平,后腿挺膝蹬直,脚尖斜向前方,两脚全脚着地。两手抱拳于腰间,拳心朝上。

🌸 技术要点

膝盖向前与脚尖垂直,挺胸,立腰,前腿弓,后腿绷。

🌸 错误纠正

练习时易出现后脚拔跟或外掀脚掌、后腿屈膝、上体前倾等问题。因此,应挺胸,立腰,前腿弓,后腿绷,脚跟落实。

图3-1-7

▼ 马步

动作方法 见图3-1-8

两脚左右开立,脚间距略比肩宽,屈膝半蹲,大腿接近水平。两臂向左右伸直,掌心朝前,目视左掌。

技术要点

头正,挺胸,立腰,扣足。

错误纠正

练习时易出现脚尖外撇、两脚距离过大或过小、弯腰跪膝等问题。因此,应两脚尖向前,大腿与地面接近水平。

图3-1-8

▼ 仆步

动作方法 见图3-1-9

(1)两脚左右开立,右腿屈膝全蹲,大腿与小腿靠紧,臀部接近右小腿,右脚全脚着地,脚尖和膝关节外展,左腿挺直平仆,脚尖里扣,全脚着地,两手抱拳于腰间,拳心朝上,目视左前方。

(2)仆左腿为左仆步,仆右腿为右仆步。

技术要点

挺胸,立腰,开髋,全脚掌着地。

错误纠正

练习时易出现平仆腿不直、脚外侧掀起,脚尖上翘外展,全蹲腿未蹲到底,跟提起,上体前倾等问题。因此,应平仆腿伸直,挺腰。

图3-1-9

 虚步

动作方法 见图 3-1-10

一腿屈膝半蹲,脚尖外摆,大腿接近水平,另一腿屈膝在前,脚尖虚点地面,两膝靠近,护裆。

技术要点

挺胸,立腰,虚实分明。

错误纠正

练习时易出现虚实不清、支撑腿蹲不下去等问题。因此,应支撑腿大腿与地面接近水平,另一腿脚尖虚点。

图 3-1-10

 歇步

动作方法 见图 3-1-11

(1)两脚交叉靠拢全蹲,右(左)腿全着地,脚尖外展,左(右)脚前脚掌着地,膝部贴近右(左)脚跟处,两手抱于腰间,拳心朝上,目视左前方。

(2)左脚在前为左歇步,右脚在前为右歇步。

技术要点

挺胸,立腰,两腿贴紧。

错误纠正

练习时易出现两腿贴不紧、后腿膝跪地、动作不稳等问题。因此,应两腿交叉靠拢,臀部坐于后腿。

图 3-1-11

 丁步

动作方法 见图3-1-12

两腿并拢半蹲,一脚全脚着地,支撑重心,另一脚脚尖支点地面。

技术要点

挺胸,立腰,虚实分明。

错误纠正

练习时易出现虚实不清、支撑腿蹲不下去等问题。因此,应分清虚实,立腰。

图3-1-12

 坐盘

动作方法 见图3-1-13

两腿交叉叠拢下坐,臀部与后腿外侧及脚外侧贴地,前大腿接近胸部。

技术要点

挺胸,立腰,两腿贴紧。

错误纠正

练习时易出现两腿交叉下坐不拢、前大腿与胸部不能贴近等问题。因此,应两腿交叉叠拢。

图3-1-13

 **手法**

少林拳要求刚猛有力、迅速激烈，手法"起手连珠炮，拳打一气连"，静则以逸待劳，动则使其无喘息之机，包括冲拳、劈拳、贯拳、裹拳和推掌等。

 **冲拳**

动作方法 见图3—1—14

（1）侧身并步直立，两拳抱于腰间，目视前方，拳从腰间向内旋，臂向前快速冲出，拳心朝下。

（2）紧接不停，乘前冲之势，左拳借反弹力回收，使臂保持略屈，拳眼向上。

（3）可进行左右交替练习。

技术要点

冲拳迅猛有力，冲拳时内旋臂呈平拳，定势时外旋臂略回收呈立拳；腿、腰、肩协调发力。

错误纠正

练习时易出现冲拳无力、冲拳力点不准、拳面不平、屈腕、拳从肩前冲出等问题。因此，应迅猛有力，拳面绷平，力达拳面。

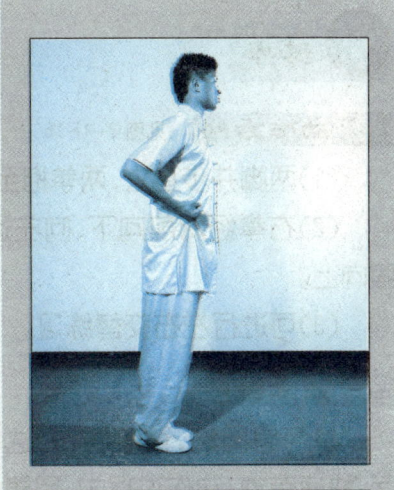

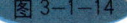 图3—1—14

▼ 劈拳

🌸 **动作方法** 见图3-1-15

（1）两脚并步直立，两拳抱至腰间。

（2）右拳经胸前向下、向左运行，向上经头前上方向右侧平劈，拳眼向上。

（3）可进行左右交替练习。

🌸 **技术要点**

拳与肩同高，臂略屈，力达拳面，快速有力；动作过程中，目随拳转。

🌸 **错误纠正**

练习时易出现劈拳无力、力点不准、拳面不平、屈腕等问题。因此，应拳与肩同高，快速有力。

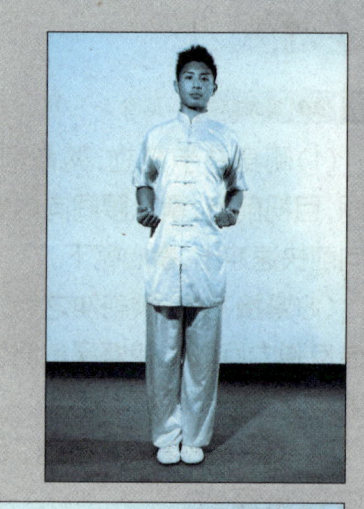

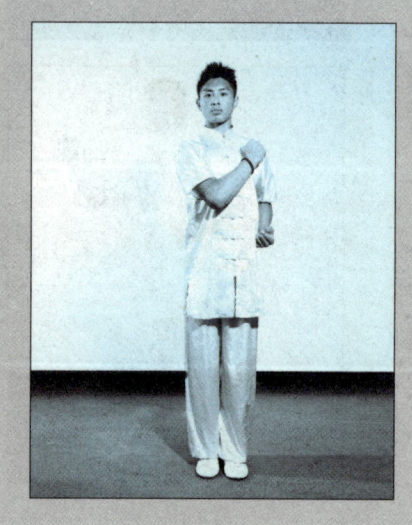

图 3-1-15

 贯拳

❋ 动作方法 见图3-1-16

(1)两脚并步直立,两拳抱至腰间,目视前方。

(2)右拳从腰间向前、向左内旋臂弧形摆至面前,高与眼平,拳眼向下。

(3)可进行左右交替练习。

❋ 技术要点

臂呈弧形,弧线摆动,腰、臂协调用力,力达拳面。

❋ 错误纠正

练习时易出现拳无力、力点不准、拳形不正等问题。因此,应腰、臂协调用力,力达拳面。

 裹拳

❋ 动作方法 见图3-1-17

(1)两脚开步站立,两拳抱于腰间,目视前方。

(2)右拳从腰间向右、向前、向左摆击,高与胸窝平,拳心朝里,拳眼向上,力达拳面。

(3)可进行左右交替练习。

❋ 技术要点

动作迅速,以腰带臂,腰、臂协调用力,拳高不过胸,低不过腰。

❋ 错误纠正

练习时易出现拳不到位、耸肩等问题。因此,应注意沉肩,以腰带臂。

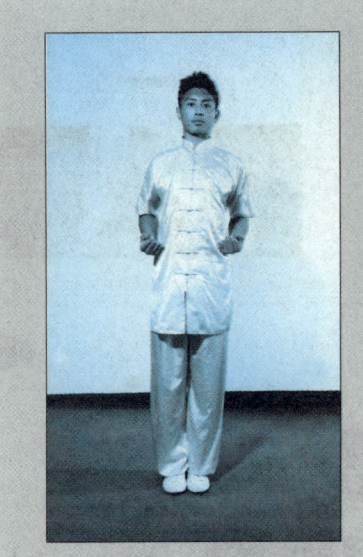

图3-1-16

基本动作

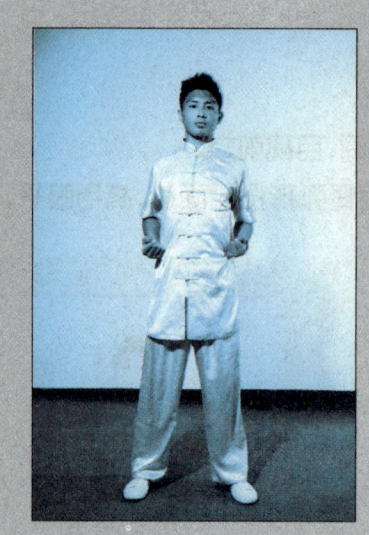

图 3—1—17

 推掌

动作方法 见图 3—1—18

（1）侧身并步直立，两掌上提至腰间，掌心朝上。

（2）左掌从腰间内旋臂向前推出。

（3）接着迅速乘前推反弹力略回收，使左臂保持略屈，力达掌根或掌外沿，掌指向上。

（4）可进行左右交替练习。

技术要点

推掌快速有力，腿、腰、肩协调配合。

错误纠正

练习时易出现推掌无力、力点不准、屈腕等问题。因此，应屈腕，肩前推出，力达掌根。

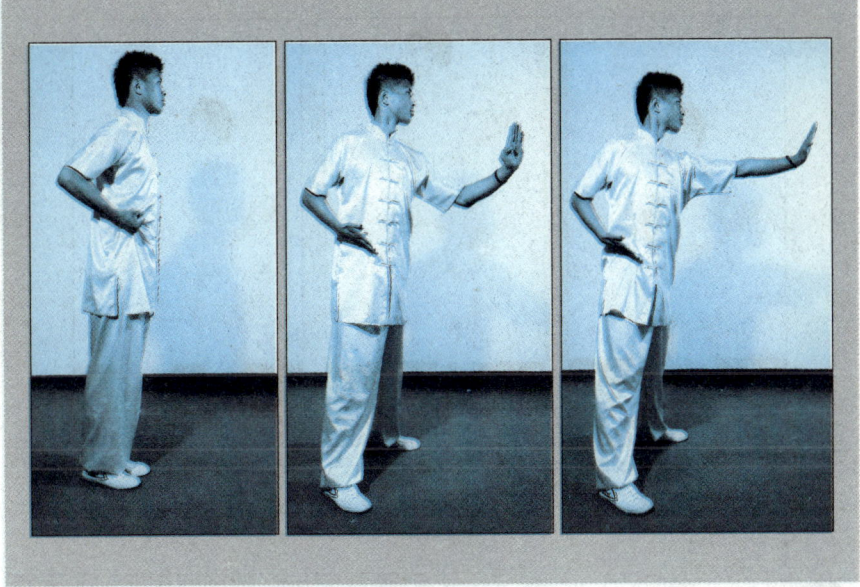

图 3—1—18

步法 ◆◆◆◆◆◆◆

少林拳进攻重心稳固,防守灵敏快速。步法多侧面对敌,减小受击面积,便于防守和进攻,包括击步、偷步、跳步和弹子步等。

击步

🔷 动作方法　见图 3—1—19

(1)两脚前后开立,与肩同宽,两手叉腰。

(2)上体前倾,后脚离地提起,前脚随即蹬地前纵,在空中时后脚向前碰击前脚,落地时后脚先落,前脚后落,目视前方。

🔷 技术要点

动作迅速,起跳与两脚碰击同时在空中形成。

🔷 错误纠正

练习时易出现不在空中击步、两脚不击响等问题。因此,应在空中形成两脚碰击。

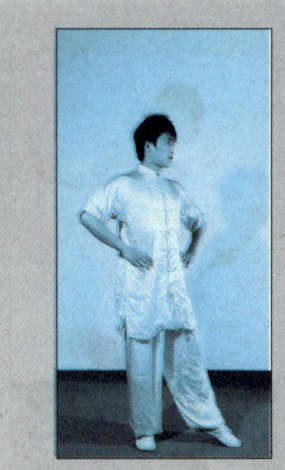

图 3-1-19

 偷步

动作方法 见图 3-1-20

（1）两脚左右开立，与肩同宽，两拳抱至腰间。

（2）右脚提起，经左腿后向左落步，前脚掌着地，两腿略屈，重心落在两腿上。

（3）可进行左右交替练习。

技术要点

右腿提膝不可过高，落地迅速稳固。

错误纠正

练习时易出现重心不稳、支撑腿略屈等问题。因此，应注意重心，支撑腿伸直。

图 3-1-20

 **跳步**

🌸 **动作方法** 见图3-1-21

（1）两脚前后开步站立，两拳抱至腰间。

（2）右脚提膝前摆，脚尖外展，左脚用力蹬地，使身体腾空，右脚先落地，左脚随后向前落步。

（3）可进行重复练习。

🌸 **技术要点**

换跳要轻灵快速，腾空不可过高。

🌸 **错误纠正**

练习时易出现两脚不能同时落地、起跳高度不够等问题。因此，应动作轻灵迅速。

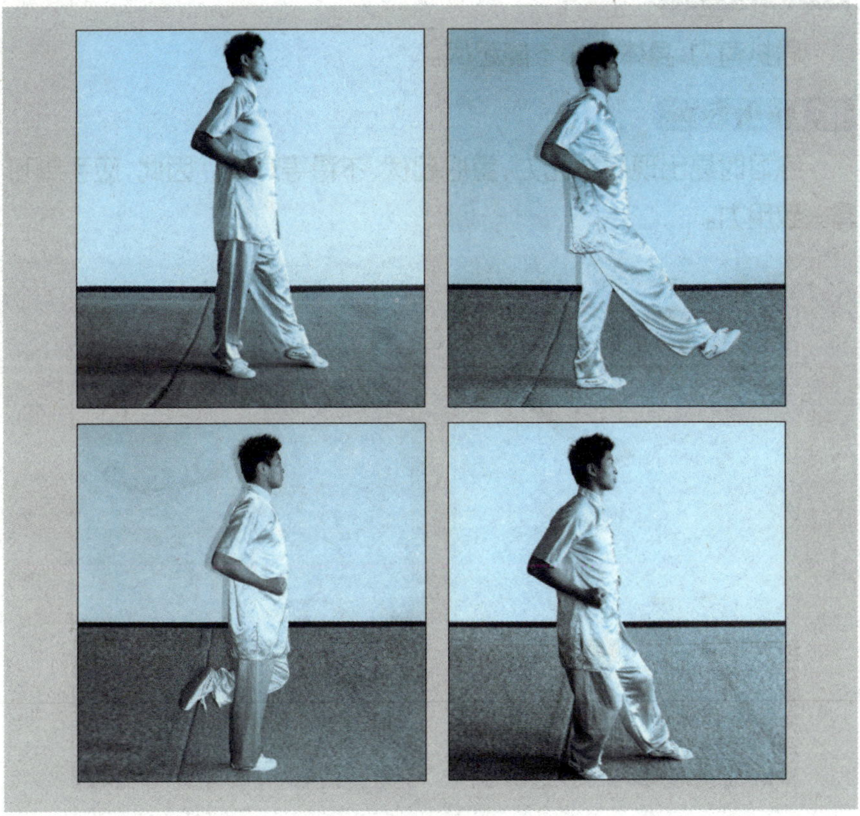

图3-1-21

 弹子步

动作方法 见图 3-1-22

（1）侧身前后开步站立，两掌前伸，掌心朝上，两掌间距与肩同宽，两腿屈膝。

（2）左脚向前上步，右脚用力向后扒地抬起，同时两掌向前、向两侧分搂，掌心斜向下。

（3）右脚向前上步，两掌掌心朝上，由两侧向前平砍，两掌间距与肩同宽。

（4）左脚用力向后扒地抬起，两掌内旋向两侧分搂，掌心斜向上。

（5）两脚可在行进间进行交替练习。

技术要点

后扒有力，身体重心不能起伏。

错误纠正

练习时易出现后扒无力，重心起伏、不稳等问题。因此，应手脚协调一致用力。

图 3-1-22

腿法 ◆◆◆◆◆◆◆◆◆

少林拳腿法套路繁多,结构紧凑,短小精悍。演练时,起落进退多在一条线上进行。腿法包括正踢腿、侧踢腿、侧踹腿、弹腿、外摆腿、前扫腿、后扫腿、里合腿、单拍脚、后蹬腿和缠勾腿等。

正踢腿

动作方法 见图 3-1-23

（1）侧身站立,左腿直立,右腿向前,脚尖虚点地面,两拳抱于腰间,目视前方。

（2）身体重心前移,右脚向前上步,同时左拳向前上方勾击,拳

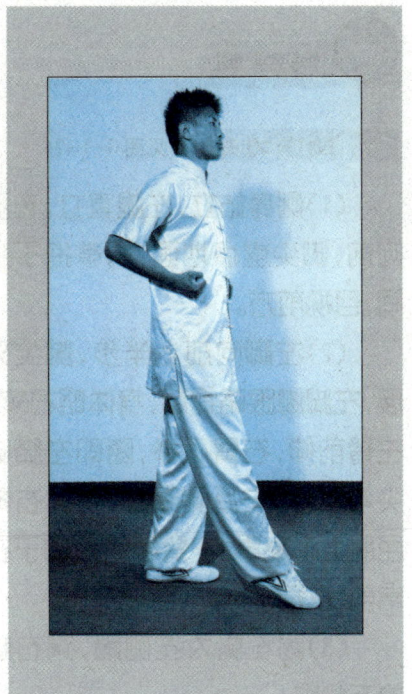

与颌平,拳心朝里。

（3）左脚勾脚尖向额前方踢摆,左拳向下、向后抡劈,拳心朝右,目视左脚。

（4）左脚落地,向前上步,脚尖虚点地面,目视前方。

（5）两脚可在行进间进行左右交替练习。

技术要点

踢腿速度要快,上体要正直,落地时脚要轻灵稳固。

错误纠正

练习时易出现俯身弯腰、拔跟或送髋、动作缓慢无力等问题。因此,应支撑腿伸直,动作迅速有力。

侧踢腿

动作方法 见图3-1-24

（1）侧身站立,左腿直立,右腿向前,脚尖虚点地面,两拳抱于腰间,目视前方。

（2）左脚向前上半步,脚尖外展,左脚脚跟略提起,身体略右转,左臂前伸,右臂后举,随即左脚脚尖勾紧,向左耳侧踢起,同时右臂屈肘上举亮掌,左臂屈肘立掌于右肩前,或垂于裆前,目视前方。

（3）踢左腿为左侧踢,踢右腿为右侧踢。

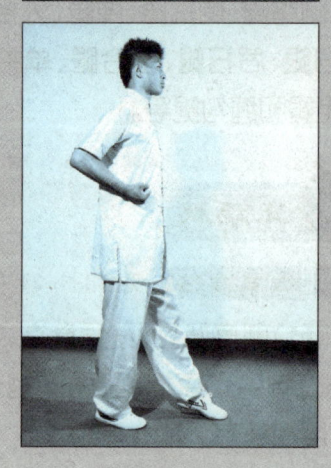

图3-1-23

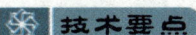 **技术要点**

挺胸，直腰，开髋，侧身，猛收腹。

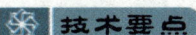 **错误纠正**

练习时易出现俯身弯腰、动作缓慢无力、侧身不够等问题。因此，应上身立直，侧身，支撑腿伸直。

图 3-1-24

 **侧踹腿**

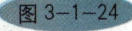 **动作方法** 见图 3-1-25

（1）两脚并步站立，两手叉腰。

（2）两腿左右交叉，右腿在前略屈膝，随即右腿伸直支撑，左腿屈膝踢起，左腿里扣，脚跟用力向左侧上方踹出，上体向右侧倾，目视左脚。

（3）可进行左右交替练习。

基本动作

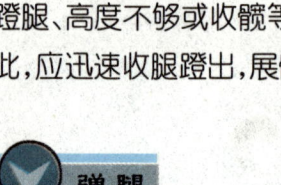

技术要点

挺膝，开髋，猛踹，脚外侧朝上，力达脚跟。

错误纠正

练习时易出现脚尖朝上、呈侧蹬腿、高度不够或收髋等问题。因此，应迅速收腿蹬出，展髋。

图 3—1—25

弹腿

动作方法　见图 3—1—26

（1）两脚并立，两手叉腰，左腿屈膝抬起，大腿与腰平，左脚绷直。

（2）提膝接近水平时，迅速猛力提膝，向前平击（弹击），力达脚尖。

（3）大腿与小腿呈一直线，高与腰平，右腿伸直或略屈支撑，目视前方。

技术要点

挺胸，直腰，收髋，脚面绷直，弹击要有爆发力。

错误纠正

练习时易出现屈伸不够、类似踢腿动作、力点不明显等问题。因此，应力达脚尖。

图 3—1—26

外摆腿

动作方法 见图3-1-27

（1）侧身站立，左腿直立，右腿向前，脚尖虚点地面，两手由腰间向肩上方分掌，目视左掌。

（2）左脚向左前方上半步，右脚脚尖勾紧，向左侧上方摆动，直腿落在左腿旁，右掌在右侧上方击响（也可不做击响），目视前方。

（3）可进行左右交替练习。

技术要点

挺胸，塌腰，松髋，展髋，外摆幅度要大，呈扇形。

错误纠正

练习时易出现拔跟或送髋、动作缓慢无力，仆外摆幅度不够等问题。因此，应支撑腿伸直，摆动腿迅速向外摆动。

图3-1-27

前扫腿

动作方法 见图3-1-28

（1）两脚并立，两臂垂于体侧。

（2）左脚向右腿后插步，同时两手由下向上、向左做弧形摆掌，右臂伸直，高于肩平，右掌侧立，左掌附于右上臂内侧，掌指向上，头部右转，目视右方。

（3）上体左转180度，左臂随体转向左后方平搂至身体左侧，略

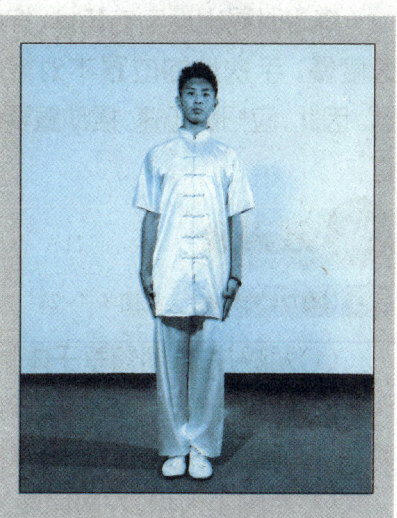

高于肩,右臂随体转自然平移至体右侧,掌朝前,掌指朝右下方。

(4)上体继续左转,左脚尖外展,右掌从后向上、向前屈肘降落,同时左臂屈肘,左掌掌指朝上,从右臂内侧向上穿出,变横掌架于头部左上方,拇指一侧向下,随即右掌下降并摆向身后变勾手,勾尖朝上。

(5)在左脚尖外展的同时,左腿屈膝,左脚跟抬起,以左脚前掌碾地,右腿平仆,脚尖内扣,脚掌着地,直腿向前扫转一周半。

 技术要点

头部上顶,目随转体平视前方,上体正直;扫转时始终保持右仆步姿势,保持身体重心平衡,右腿不要弯曲。

错误纠正

练习时易出现向右转体、拧腰速度慢、手扶地的位置不对等问题。因此,应扫腿迅速,摆动腿要伸直。

后扫腿

动作方法 见图3-1-29

(1)两腿并立,两臂垂于体侧。

(2)左脚向前上步,左腿屈膝半蹲,右腿挺膝伸直,呈左弓步,同时两掌从两腰侧向前平直推出,掌指朝上,掌心朝前,目视两掌尖。

(3)左脚尖内扣,左腿屈膝半蹲,呈右仆步姿势,同时上体右转并

图 3-1-28

前俯,两掌随身体右转,在右腿内侧扶地,右手在前。

（4）随着两手撑地与上体向右后拧转的惯性力量,以左脚前掌为轴,右脚贴地向后扫转一周。

🏵 **技术要点**

转体,俯身,撑地用力连贯紧凑,一气呵成,上下肢动作不要脱节。

🏵 **错误纠正**

练习时易出现旋转无力、腰腿动作脱节、手扶地位置不对等问题。因此,应使摆动腿伸直,动作迅速。

图 3-1-29

 里合腿

🔆 **动作方法** 见图3-1-30

（1）两脚并步站立，两拳抱于腰间，目视前方。

（2）左脚向左横跨一步，脚尖外展，随之身体左转，左拳变掌向左前上方格挡，掌心朝前。

（3）右脚脚尖勾起，向前上方踢摆，并于面前迎击左掌，同时右拳屈臂上摆至右肩前，拳心朝内。

（4）身体左转，右腿屈膝呈独立势，右拳经肩前向下栽于体侧，拳心朝后，左掌变拳，屈臂至左肩前，目视前方。

（5）可进行左右交替练习。

🔆 **技术要点**

里合腿动作幅度要大，呈扇形，击拍要响亮，提膝栽拳动作协调稳固。

🔆 **错误纠正**

练习时易出现拔跟、送髋、动作缓慢无力等问题。因此，应支持腿伸直，摆动腿迅速向内摆动。

基本技术

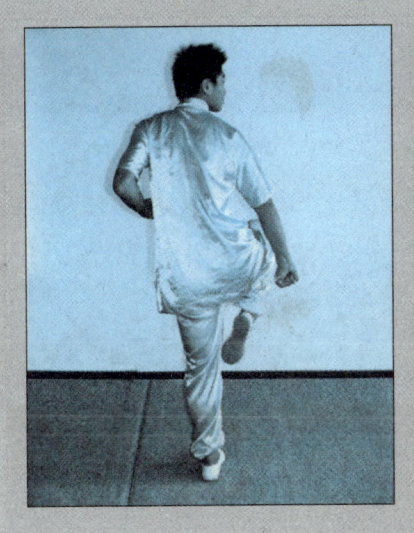

图 3-1-30

 单拍脚

动作方法 见图 3-1-31

（1）侧身并步站立，两拳抱至
腰间。

（2）左脚向前上一步，重心移
至左腿，右脚脚跟提起，右脚脚面
绷平向前、向上直腿摆起，同时右
拳变掌，由腰间向前直插，于胸前
迎击右脚面。

（3）右脚向前落地，脚尖虚点
地面，右拳收抱腰间，目视前方。

（4）可进行左右交替练习。

技术要点

手脚协调，快起快落，击拍响
亮。

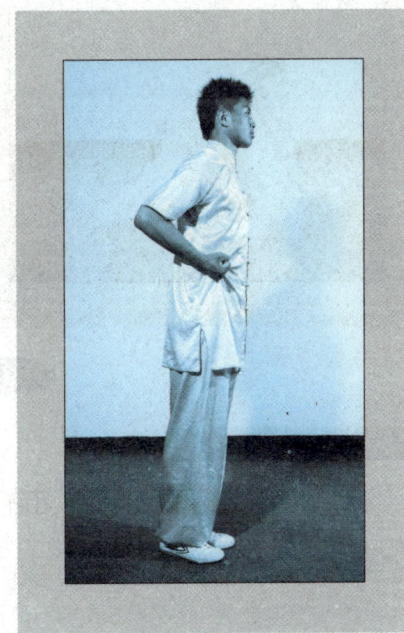

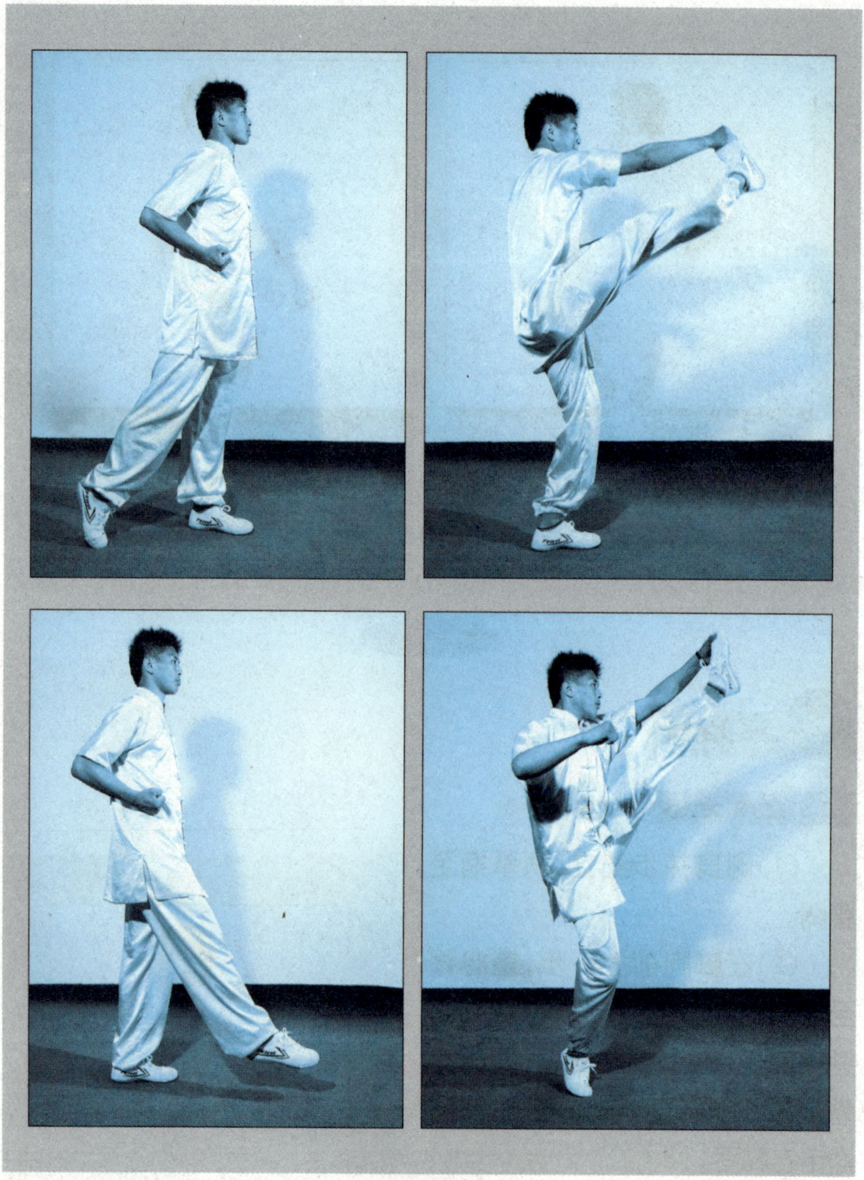

图 3—1—31

🌸 错误纠正

　　练习时易出现俯身弯腰、击拍不响等问题。因此,应击响,拍脚动作一气呵成。

后蹬腿(小提鞋)

动作方法 见图 3-1-32

（1）侧身开步站立，两拳抱于腰间，拳心朝上。

（2）左脚向前上步，屈膝下蹲，右腿屈膝跪于左脚内侧（膝盖略触地），脚跟提起。

（3）上体略右转，右拳变掌向后下方撩击，虎口与脚跟相对，左拳变掌屈臂摆至右胸前，掌心朝右，掌指向上。

（4）身体起立，左腿支撑，右腿由屈到伸，顺势向后蹬出，目视蹬脚方向。

（5）可进行左右交替练习。

技术要点

下蹲与跪步动作速度要快，蹬腿迅猛有力。

错误纠正

练习时易出现发力点不对、未展髋等问题。因此，应展髋，力达脚跟。

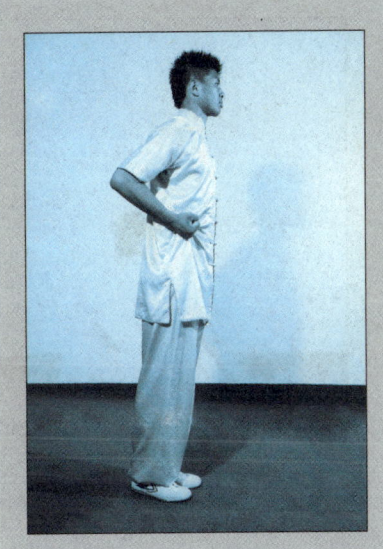

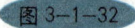

图 3-1-32

 缠勾腿(蝎子尾)

动作方法 见图 3-1-33

（1）两脚开立，与肩同宽，两拳抱至腰间，拳心朝上。

（2）以左脚为轴，身体右转 180 度，同时右脚离地随转体外摆，右拳变掌向右后平搂。

（3）上动不停，身体继续右转 180 度，右腿屈膝上提，脚尖绷平内扣，右掌向下插，右前臂与右小腿内侧贴紧，右掌背贴紧内踝，掌心朝外，掌指向下，左拳变掌架于头上方。

（4）可进行左右交替练习。

技术要点

转体，搂手，缠勾，上提，架掌要连贯完成，独立势要稳固。

错误纠正

上身前倾时易出现重心不稳、动作不到位等问题。因此，应后坐，重心放于两腿之间。

图 3—1—33

第二节

基本功

少林拳有自己独特的风格与特点,其动作规格也与其他拳种大不相同。初学者熟练掌握基本功练习,有利于少林拳动作规格的动力定型和技术风格的逐步形成。基本功包括面壁功、椅子桩、丁步桩、弓步斜形、马步单鞭、虚步挑掌、仆步切掌、歇步冲拳和转身推掌等。

❀ 动作方法 见图3-2-1

两腿交叉,屈膝盘坐,两手分别扶于膝关节处,或两掌相叠,手心向上,放于腹前,两目垂帘。

❀ 技术要点

上体正直,气沉丹田。

❀ 错误纠正

练习时易出现思想不集中、全身僵硬、身体前倾或后仰等问题。因此,应全身放松,排除杂念。

图3-2-1

 **椅子桩**　◆◆◆◆◆◆◆◆

动作方法　见图 3-2-2

两脚并拢,屈膝半蹲,大腿呈水平,两臂自然前伸,两拳拳心朝下。

技术要点

全身放松,排除杂念,精力集中。

错误纠正

练习时易出现身体前倾或后仰等问题。因此,应上体保持正直,注意力集中。

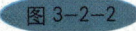
图 3-2-2

 **丁步桩**　◆◆◆◆◆◆◆◆

动作方法　见图 3-2-3

(1)两腿屈膝半蹲,右脚全脚着地,左脚脚尖点地于右脚内侧,右拳屈臂于右肩前,左拳直臂下栽,贴于体侧,此为左丁步。

(2)右丁步与左丁步动作相同,方向相反。

✿ **技术要点**

上体正直,两腿紧靠。

✿ **错误纠正**

练习时易出现思想不集中、全身僵硬等问题。因此,应全身放松,排除杂念。

图3-2-3

 **弓步斜形** ◆◆◆◆◆◆◆

✿ **动作方法** 见图3-2-4

（1）两脚左右开立,两拳抱于腰间,拳心朝上。

（2）左脚向左跨步,上体略左转,两拳变掌向左下方伸出,掌心朝下。

（3）身体重心后移呈半马步,两掌变拳,屈肘抱于胸前,拳心朝里,高与肩平,目视左前方。

（4）右腿用力蹬地,身体左转呈左弓步,两拳内旋臂,右拳向前、左拳向后撑出,两臂略屈,拳心均朝下,目视右拳。

（5）可进行左右交替练习。

技术要点

蹬腿,拧腰,抖肩发力,两拳拳眼前后相对,力达两前臂外侧或拳外沿。

错误纠正

练习时易出现动作不连贯、发力点不对等问题。因此,应力达拳面。

图 3—2—4

马步单鞭

动作方法 见图 3-2-5

（1）两脚并立，两拳抱于腰间，拳心朝上。

（2）左脚向左跨步，上体略左转，两拳变掌向左下方伸出，掌心朝前。

（3）身体重心后移呈半马步，两掌变拳，屈肘抱于胸前，拳心朝里，高与肩平，目视左前方。

（4）右腿用力蹬地，身体左转呈左弓步，两拳内旋臂，左拳向前、右拳向后撑出，两臂略屈，拳心均朝下，目视左拳。

（5）可进行左右交替练习。

技术要点

两臂屈抱要贴胸，冲拳时要发力突然，两臂保持略屈。

错误纠正

练习时易出现含胸驼背、无劲力等问题。因此，应直腰，冲拳有爆发力。

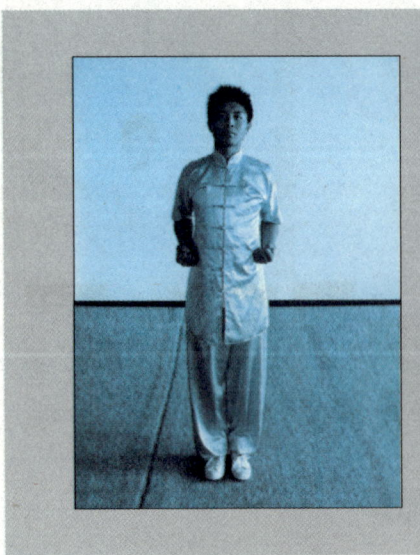

图 3-2-5

虚步挑掌

动作方法 见图 3-2-6

（1）两脚并步站立,两拳抱于腰间,拳心朝上。

（2）身体左转,右腿屈膝下蹲,左腿屈膝,左脚向前半步,脚尖虚点地面,两拳变掌,左掌向前挑掌,右掌屈臂附于左臂内侧。

（3）左脚踏实,屈膝半蹲,右脚向前上步,脚尖虚点地面,同时右掌向前挑掌,左掌屈臂附于右臂内侧。

（4）可进行左右交替练习。

技术要点

做虚步时要虚实分明,两腿紧靠,护裆。

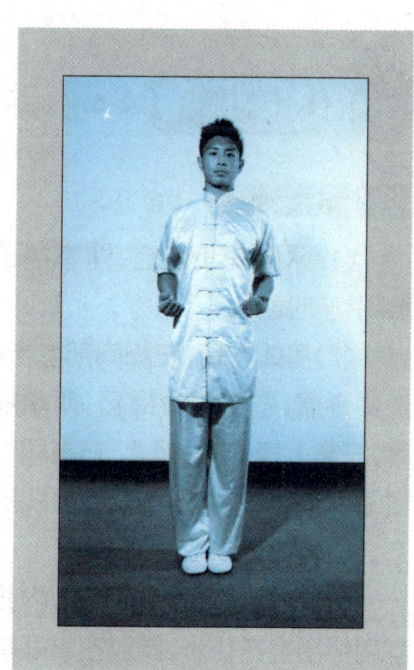

图 3-2-6

 错误纠正

练习时易出现两腿贴不紧、后腿膝跪地、动作不稳等问题。因此，应将重心置于后腿上，两腿贴紧。

仆步切掌

🔹 **动作方法** 见图 3-2-7

（1）两脚并步站立，两拳抱于腰间，拳心朝上。

（2）身体右转，左脚向前上步，脚尖外展，右腿屈膝提起，两拳变掌，左掌上撩，掌心朝上，右掌屈臂附于左肘内侧，掌心朝下，目视前方。

（3）左腿屈膝全蹲，右脚内扣向前铲出呈右仆步，同时左掌变拳

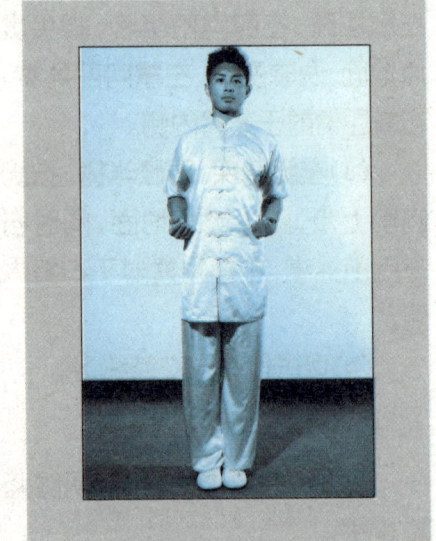

图 3—2—7

收至腰间，右掌顺势向下切，力达掌外沿。

（4）可进行左右交替练习。

✿ **技术要点**

仆步时下蹲速度要快，重心要稳，切掌动作迅速。

✿ **错误纠正**

练习时易出现平仆腿不直、脚外侧掀起、脚尖上翘外展、全蹲腿末蹲到底、脚跟提起、上体前倾等问题。因此，平仆腿应全脚掌着地，膝盖伸直，全蹲腿全脚掌着地，重心后坐。

歇步冲拳

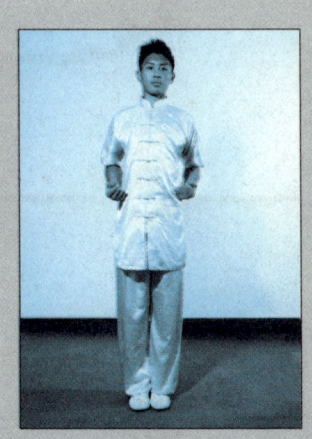

动作方法 见图 3-2-8

（1）两脚并步站立，两拳抱于腰间，拳心朝上。

（2）左脚向左上步，脚尖外展，同时左拳变掌向左搂掌。

（3）身体左转 180 度，两腿交叉，屈膝全蹲呈左歇步，同时左掌变拳收至腰间，右拳向前冲出。

（4）可进行左右交替练习。

技术要点

上下动作要协调，歇步要稳固。

错误纠正

练习时易出现两腿贴不紧、后腿膝部跪地、动作不稳等问题。因此，应两腿交叉靠拢，臀部坐于后腿。

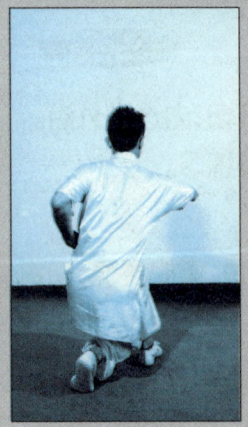

图 3-2-8

转身推掌(跨虎蹬山)

🌀 动作方法　见图3-2-9

（1）两脚并步站立，两拳抱于腰间，拳心朝上。

（2）左脚向左上步呈左弓步，上体略左转，同时右拳变勾手，向上经胸前向左、向下经腹前搂至右后侧，勾尖向上，直臂贴身，当勾手经腹前时，左拳变掌经右前臂内侧向前推掌。

（3）以两脚为轴，身体右转180度呈右弓步，同时左掌向右，经胸前向下经腹前向左掌变勾搂至左后侧，勾尖向上，直臂贴身，当勾手搂经腹前时，右手变掌经左前臂内侧向前推掌，目视右掌。

（4）可进行左右交替练习。

🌀 技术要点

左右转体动作要快，推掌要蹬腿转腰抖肩，迅猛发力，两臂保持略屈。

🌀 错误纠正

练习时易出现旋转无力、与腰腿动作脱节等问题。因此，应左右转体动作要迅速，动作连贯一致，协调用力。

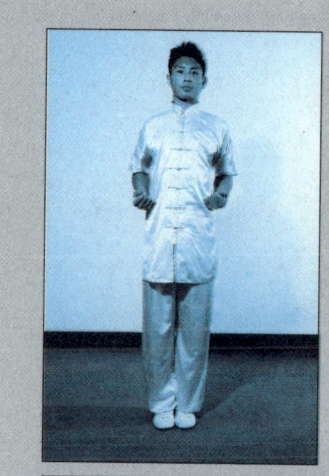

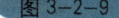

图3-2-9

第四章 套路练习

少林拳最大的特点之一是注重技击，立足实战。套路演练时多为直线往来，起落、进退始终保持在一条线上，整个套路要求一气呵成，做到肩与胯、肘与膝、手与脚的外三合和心与意、意与气、气与功的内三合，形成内外一体。套路练习包括四段内容。

第一节

第一段

　　第一段包括预备势、并步抱拳、震脚蹲步抄拳、弹腿双插掌、仆步按掌、勾踢格肘、跳步弓步撞头、撩刀格肘下栽拳、左弓步推掌、右弓步推掌、弹腿双插掌、跳步弓步双裹拳、蹲步双托掌、跳退步插掌和旋风脚坐盘等。

 预备势 ◆◆◆◆◆◆◆

❀ 动作方法 见图 4-1-1

　　两脚并立,两手自然下垂,五指并拢贴于体侧,目视前方。

❀ 技术要点

　　挺胸塌腰,头正颈直。

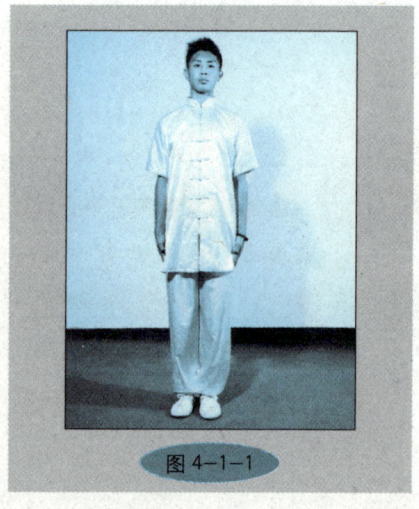

图 4-1-1

并步抱拳(天王抱琴) ◆◆◆◆◆◆◆

❀ 动作方法 见图 4-1-2

　　接上势,两掌变拳,同时抱于腰间,目视左方。

❀ 技术要点

　　抱拳迅速,挺胸收腹。

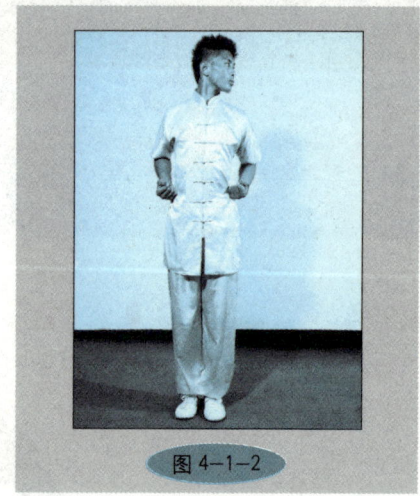

图 4-1-2

 ## 震脚蹲步抄拳(湘子挎篮) ◆◆◆◆◆◆◆◆

动作方法 见图4-1-3

（1）接上势，左脚向左横跨一步，同时左拳变掌向左搂掌，掌心朝左，掌指向前，高与肩平。

（2）上动不停，身体左转90度，右脚向前上步震脚呈蹲步，同时右拳由上向下、向前上呈抄拳，拳心朝里，高与肩平，左掌变拳外旋，拳心贴于右肘外侧，拳眼斜向上，目视前方。

技术要点

震脚、抄拳协调有力，蹲步大腿呈水平。

图4-1-3

 ## 弹腿双插掌(仙人指路) ◆◆◆◆◆◆◆◆

动作方法 见图4-1-4

接上势，右脚向前弹踢，脚面绷直，力达脚尖，高与胯平，同时左拳变掌前插，右拳变掌后插，肩臂呈一线，目视左掌。

技术要点

弹腿和插掌要同时进行,干净利落,快速有力;插掌时要展臂挺腕,支撑腿的大腿接近水平。

图 4-1-4

仆步按掌（小童捉鸡）

动作方法　见图 4-1-5

（1）接上势,身体右转 90 度,左腿略屈支撑,右腿屈膝上提,同时两掌分别由两侧上举至头顶,掌心相对,掌指向上。

（2）上动不停,左脚小跳,右脚落于左脚处,屈膝下蹲,左脚向左铲步平仆呈左仆步,同时两掌由上经胸前下按拍击地面,掌指相对,目视左前方。

技术要点

按掌和仆步同时完成,挺颈塌腰,左铲腿仆步动作明显。

图 4-1-5

勾踢格肘（凤凰夺窝）

动作方法　见图 4-1-6

（1）接上势，身体左转 180 度，右脚迅速蹬地跳起，左腿随即落于右脚处，右腿屈膝后摆，右掌随即直臂后摆变拳，左掌向左、向上摆至头左侧上方，掌心朝上，掌指向右。

（2）上动不停，右脚经左腿内侧以脚跟擦地向前勾踢，脚尖向上，同时右拳经体侧由后向前、向上抄拳，并向外格肘，左掌下按置于右肘内侧，掌心朝下，掌指触及右肘内侧，目视右方。

技术要点

整个动作要连贯协调，拧腰发力，力达右前臂外侧，动作快速。

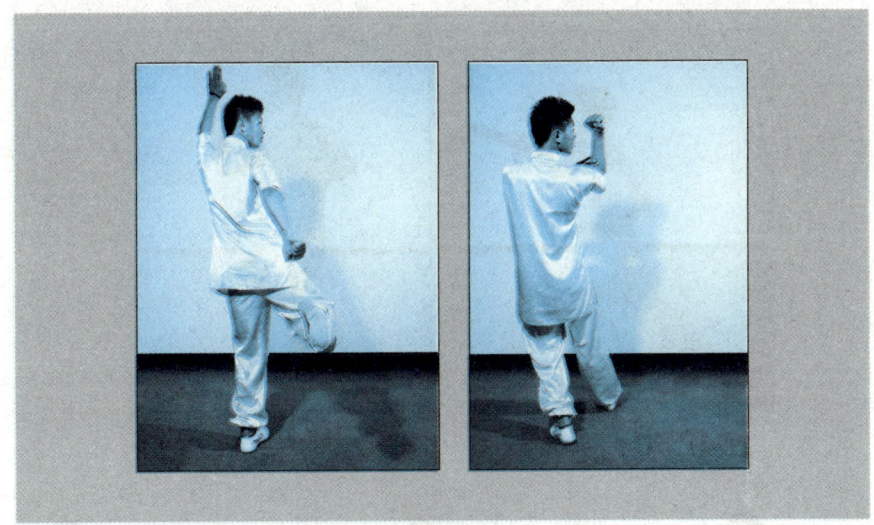

图 4-1-6

动作方法　见图 4-1-7

（1）接上势，身体右转 90 度，右脚向前上步，同时左掌经右肘上方向前呈外刁手，手心向外，右拳抱于右腰间，目视左手。

（2）上动不停，左腿屈膝提起，右腿挺膝直立，同时左手变拳抱于腰间，右拳旋臂屈肘内格，拳心朝里，高与额平，目视右方。

（3）上动不停，右脚蹬地，身体腾空，两脚先左后右依次落地呈马步，身体左转90度，同时左拳变掌，右拳上、左掌下相叠抱于腰前，掌心均向上，头左摆，目视左下方。

（4）上动不停，身体右转前倾呈右弓步，同时左掌抱右拳于左腹前，头随上体右转向前，向右斜上方撞顶，力达头顶。

技术要点

跳步要轻灵，落地要稳固，与格肘密切配合，协调一致；顶头与蹬腿，拧腰与挺颈要配合协调。

图 4-1-7

撩刁格肘下栽拳(林中摘果)

🌸 动作方法　见图4-1-8

（1）接上势,身体右转90度,左脚向前上步呈左弓步,同时左掌随上步向前、向上撩刁,掌心朝上,高与肩平,右拳抱于腰间,拳心朝上,目视前方。

（2）上动不停,身体左转90度,右脚向前上步呈马步,同时左掌变拳置于右胸前,掌心朝左,拳眼向前,右手臂外旋向右撩出,略高于膝。

（3）上动不停,身体右转90度呈右弓步,同时右手变拳由下经体前向左、向上、向右格挡,拳心朝后,高与肩平,左拳旋臂下栽,拳心朝外,拳眼向后,目视前方。

🌸 技术要点

撩手与上步同时进行;格肘栽拳要蹬腿,拧腰,抖肩,发力迅猛,动作连贯,协调一致。

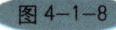
图4-1-8

左弓步推掌(左推山势) ◆◆◆◆◆◆◆

动作方法 见图4-1-9

（1）接上势，身体左转90度呈马步，同时两拳变掌，左掌由下经胸前撩刁于左肩前，掌心朝前，掌指向上。

（2）右掌向左经体前按至左肩外侧，手心向前下方，掌指向上，左臂在里，右臂在外，胸前交叉，目视左前方。

（3）上动不停，身体向左拧转90度呈左弓步，同时左掌由胸前旋腕推出，右掌变勾向下经裆前向后置于右胯侧，勾尖向上，目视前方。

技术要点

推掌转体要与拧腰，蹬腿发力协调一致，左掌推出自然弹回，右手指内卷呈勾手贴于右胯。

图4-1-9

右弓步推掌(右推山势) ◆◆◆◆◆◆◆

 动作方法 见图4-1-10

（1）接上势，身体右转90度呈马步，同时左掌由体前向右屈肘，平摆置于右侧肩，掌心朝外，掌指向上。

（2）右手经裆前向左上方撩刁于胸前，掌心朝外，掌指向上，左臂在外，右臂在内，胸前交叉，目视右前方。

（3）上动不停，身体向右拧转90度呈右弓步，同时右掌由胸前旋腕推出，左手变勾向下经裆向后置于左胯，勾尖向上，目视前方。

 **技术要点**

推掌转体要与拧腰，蹬腿发力协调一致，左掌推出自然弹回，右手指内卷呈勾手贴于右胯。

图 4-1-10

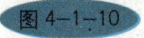 **弹腿双插掌(仙人指路)**

动作方法 见图 4-1-11

（1）接上势，右脚蹬地垫步跳至左脚处，身体左转90度右倾，左腿屈膝抬起，大腿贴近左胸，脚尖向前勾起，小腿外展呈水平，同时两手变拳，拳轮贴于膝盖两侧，目视前方。

（2）上动不停，上体不变，左脚向左侧踹，同时左拳向左冲出，拳心朝下，右拳向右冲出，拳心朝下，目视左脚。

技术要点

提膝，冲拳与踹腿要连贯协调，迅猛有力，左腿与上体呈一直线。

图 4-1-11

 跳步弓步双裹拳(裹气锤) ◆◆◆◆◆◆◆

动作方法　见图 4-1-12

（1）接上势，身体右转 90 度，左脚向前落步，同时两拳抱于腰间，目视前方。

（2）上动不停，左脚蹬地前跳，右腿屈膝提起，脚面扣于左膝后，目视前方。

（3）上动不停，右脚向前落步呈右弓步，同时两拳由两侧向前内裹，拳心朝里，拳眼斜向上，目视两拳。

技术要点

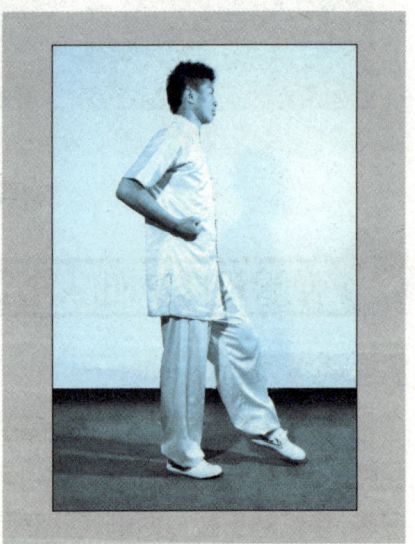

动作连贯，裹拳要圆背合胸，以肩带臂发力，劲力完整，力达拳棱（力达手指第二指节）。

图 4—1—12

 蹲步双托掌（老僧端盆）

动作方法　见图 4—1—13

（1）接上势，身体左转 180 度，两腿略屈，同时两拳变掌向下经腹前，左手在里，右手在外向上分托，掌心朝上，目视前方。

（2）上动不停，右脚向前上步震脚呈蹲步，同时两掌分别向身体两侧绕摆，经胯旁屈臂上托，高与肩平，掌心朝上，掌指向前，目视前方。

技术要点

两臂抡摆，托掌要有合力，震脚与托掌同时进行。

图 4—1—13

跳退步插掌(小猴蹲枪)

动作方法 见图4-1-14

（1）接上势，右脚略提后摆，左脚随即蹬地后跳，同时两掌内旋（左前右后）向前插击，右手压于左手背内侧，目视两手。

（2）上动不停，两脚先右后左依次落地呈七星蹲步，同时两掌收于小腹前，位于两腿中间，掌心朝下，掌指向前，目视前方。

技术要点

跳步轻灵，插掌迅速灵活，插出即回，束身小巧。

套路练习

图4-1-14

旋风脚坐盘(罗汉睡觉)

动作方法 见图4-1-15

（1）接上势，右脚向前上步，脚尖内扣，两腿略屈，同时右掌由下摆至右上方，左掌摆于右胸前。

（2）上动不停，重心右移，上体左转90度，左腿屈膝上提，同时两臂随转体向下、向上抡摆。

（3）上动不停，身体继续左转180度，右脚蹬地跳起，身体腾空，在空中右腿里合，同时左掌击拍右脚掌。

（4）上动不停，身体继续左转 180 度，两脚同时落地呈坐盘，同时左掌变拳，拳面抵于右脚内侧脚弓，拳心朝外，右掌变拳，拳面顶于右太阳穴处，肘尖顶在左脚内侧，目视左下方。

技术要点

腾空要高，落地稳固，整个动作快速连贯。

图 4-1-15

第二节

第二段

　　第二段包括马步冲拳、弓步下冲拳、低踹腿弓步撑拳、马步下栽拳、绞臂提膝架肘、蹲步下截拳、搂手勾踢、蹲歇步按掌、后蹬腿仰身弹踢、弓步左右插掌、提膝探爪、左旋风脚蹲步挤手拳、十字推掌、里合脚弓步十字手、舞花手丁步按爪、踹腿提膝架掌、丁步截把拳、弓步钻拳、蹲步冲拳和虚步双立掌等。

马步冲拳（马步单鞭）

动作方法　见图4-2-1

　　接上势，身体右转180度呈马步，同时左拳经腰间向左立拳冲出，高与肩平，右拳抱于腰间，拳心朝上，目视左拳。

技术要点

　　转体要两脚蹍地，左拳发力冲出后自然弹回，动作有力稳固。

图4-2-1

弓步下冲拳（白猿洗面）

动作方法　见图4-2-2

　　（1）接上势，身体左转90度后仰，左腿支撑，右腿屈膝提起，脚尖向下，同时两拳变掌由下向前、向上撩至头部两侧上方，掌心朝后，掌指向上，目视两掌。

　　（2）上动不停，上体前倾，右脚向前落步呈右弓步，同时两掌向下经肩前置于胸前时变拳，两臂内旋下冲置于右膝两侧，拳眼相对，目视前下方。

技术要点

两拳下冲要顺肩发力,力达拳面,动作协调,劲力顺达。

图 4-2-2

低踹腿弓步撑拳(抱佛脚)

动作方法　见图 4-2-3

(1)接上势,上体略起,同时两拳变掌胸前交叉,右掌在上,左掌在下,掌根相叠。

(2)上动不停,两掌以掌根为轴顺时针旋腕,左掌在上,右掌在下,掌根相对。

(3)上动不停,身体右转 90 度,右腿伸直支撑,左腿随转体提膝,脚尖勾起,同时右掌托抱左脚跟,左掌附于脚跟内侧,目视左前方。

(4)上动不停,上体略右转,左腿向左侧下方踹出,高不过膝,右腿直立,同时两掌根相对,左上右下置于右腰间,目视左脚。

(5)上动不停,身体左转 90 度,左脚向前落步呈左弓步,同时两掌变拳,经腹前右拳前撑,左拳向左侧撑,两臂略屈,拳眼相对,目视前方。

图 4-2-3

技术要点

提膝抱脚要含胸圆背,提膝要高,踹腿迅猛,力达脚跟;撑拳时要蹬腿,拧腰,催肩撑臂,力达前臂外缘。

马步下栽拳(护裆锤)

动作方法 见图 4-2-4

(1)接上势,身体左转 90 度,左腿屈膝提起,右腿直立,同时左拳变掌,向下经腹前至右胸前内旋,向左刁带至左肩前,掌心斜向下,右拳抱于腰间,拳心朝上,目视前方。

(2)上动不停,左脚向左落步呈马步,同时右拳向上经体前内旋下栽置于裆前,拳心朝右,拳眼向里,左掌向左、向下绕摆屈肘置于胸前,掌心朝右,掌指向上,高与胸平,目视前方。

■ **技术要点**

刁带与栽拳要协调一致,劲力要合,不要散。

图 4-2-4

 绞臂提膝架肘(吕布托戟) ◆◆◆◆◆◆◆◆

■ **动作方法** 见图 4-2-5

(1)接上势,上体右转,重心左移,同时右拳外旋,画立圆屈肘收至右小腿内侧,拳心朝上,左掌附于右臂内侧,目随手走。

(2)上动不停,身体右转 90 度,右腿屈膝提起,同时右拳内旋,向上格架置于额前上方约 10 厘米处,左掌变拳屈肘抱于腹前,拳心朝里,拳眼向上,目视前方。

■ **技术要点**

绞臂提膝上架与回抱动作连贯协调,抖劲突出。

图 4-2-5

蹲步下截拳(蹲桩锤)

动作方法 见图 4-2-6

接上势，右脚向前落步，左脚随即向前并步于右脚内侧呈蹲步，同时右拳屈臂下截置于膝前约 10厘米处，拳心朝里，拳眼向上，左拳置于右肋内侧，拳心朝里，拳眼向上，目视前方。

技术要点

下截有力，挺身塌腰。

图 4-2-6

搂手勾踢(鸡行步) ◆◆◆◆◆◆◆◆

动作方法 见图4-2-7

（1）接上势，上体略右转，左脚向前上半步，右脚脚尖勾起，脚跟擦地屈膝向前上方勾踢呈右鸡行步，同时，右拳变掌经胯侧向后呈勾手，左拳变掌经腰间向上、向右肩前贴身推出，掌心朝右，掌指向上。

（2）上动不停，上体略左转，右脚向前落步，左腿屈膝，左脚向前上方勾踢呈左鸡行步，同时左掌经胯侧向后呈勾手，右勾手变掌向前经腰间向上、向左肩前贴身推出，掌心朝左，掌指向上。

技术要点

鸡行步脚擦地提膝要发力迅捷，搂勾与推掌协调一致，节奏分明，扣肩，含胸，合胯劲力内聚。

图4-2-7

蹲歇步按掌(小提鞋) ◆◆◆◆◆◆◆◆

动作方法 见图4-2-8

接上势，上体右转，左脚向前落步，右脚随即跟步下跪，呈蹲歇步，

同时右掌向右后下按,虎口扣于右脚跟腱处,左勾变掌屈臂向上至右肩前,掌心朝右,掌指向上,目视右后方。

技术要点

蹲步迅速,轻灵稳固。

图 4-2-8

后蹬腿仰身弹踢(碎心脚燕飞)

动作方法   见图 4-2-9

(1)接上势,上体前倾,同时左腿直立,右腿向后蹬出,脚尖向下,两掌不变,目视前方。

(2)上动不停,上体后仰,右脚由后向下、向前上方弹踢,同时两掌经面前向两侧分掌插击,掌心均向上,目视上方。

技术要点

后蹬腿力达脚跟,仰身平衡上体呈水平,支撑稳固。

图 4-2-9

弓步左右插掌(双枪手)

动作方法 见图4-2-10

（1）接上势，右脚垂直落步，身体左转180度呈左弓步，同时两掌变拳抱于腰间，拳心朝上。

（2）上动不停，右拳变掌向上方插出，掌心朝上，略高于肩。

（3）上动不停，左拳变掌向前上方插出，掌心朝上，高与肩平，同时右掌抱于腰间，掌心朝上，目视左掌。

技术要点

插掌短促有力，以腰催肩，以肩带劲，插掌后自然弹回。

图4-2-10

提膝探爪(海底捞月)

动作方法 见图4-2-11

接上势，右脚向前上步，屈膝半蹲，左腿随即提膝，大腿呈水平，身体左转90度，同时右手由掌变爪向右下方按击，左掌变拳抱于腰间，目视右爪。

技术要点

步法快捷，探爪有力，动作协调一致。

图 4-2-11

左旋风脚蹲步挤手拳(挤手炮)

 动作方法 见图 4-2-12

（1）接上势，左脚向左落地，随即上体向左拧转，同时左手摆至左上方，右手摆至左胸前。

（2）上动不停，右腿向前上方屈膝上提，同时两臂向右上方摆动。

（3）上动不停，身体右转 180度，右腿后摆，左脚蹬地腾空里合，同时右掌击拍左脚掌。

（4）上动不停，身体继续右转180 度，两脚同时落地呈蹲步，同时右拳、左掌从两侧向体前合击，左掌抱右拳置于两膝前，目视两手。

图 4-2-12

🌀 **技术要点**

　　旋风脚转身要快，腾空要高。

十字推掌(仙童献茶)

🌀 **动作方法**　见图 4-2-13

　　接上势，身体左转 90 度，左脚向前上步呈左弓步，同时右拳变掌，右手在里，左手在外呈十字手向前推出，目视前方。

🌀 **技术要点**

　　推掌短促有力，上步与推掌协调一致。

图 4-2-13

里合脚弓步十字手（花婆藏剪）

动作方法 见图4-2-14

（1）接上势，身体左转180度，左腿伸直，右腿里合，同时左掌迎击右脚掌，右掌变拳随转体内旋摆至裆前呈裆拳，拳心朝右，目视右脚。

（2）上动不停，身体继续左转90度，右脚落地呈右弓步，同时右拳变掌，两掌在胸前相交呈十字手，左掌在外，右掌在里，掌背相对，目视左方。

技术要点

转身里合腿要连贯迅捷，拍击力点准确，声音清脆。

图4-2-14

舞花手丁步按爪（跨虎）

动作方法 见图4-2-15

（1）接上势，两掌掌根相对，顺时针旋转一周，左掌在上，掌心朝下，右掌在下，掌心朝上。

（2）上动不停，左脚收回，两腿屈膝半蹲呈左丁步，同时左掌呈爪，由胸前向左跨旁下按，手心向下，右掌变拳屈臂上提，前臂水平置于头部右侧，高与耳平，拳心朝下，拳眼向后，目视左方。

技术要点

动作轻灵迅捷,按爪有力。

图 4-2-15

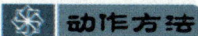 踹腿提膝架掌(老虎大张口)

动作方法 见图 4-2-16

(1)接上势,重心上移,左脚向左横跨一步,两腿略屈。

(2)上动不停,右脚向左腿后插步,同时左掌、右拳用力在胸前交叉,目视左方。

(3)上动不停,上体右倾,右腿伸直支撑,左腿向左侧踹,同时左掌向左推出,右臂屈肘,右拳置于头右侧,高与耳平,目视左脚。

(4)上动不停,左脚向左落步,两腿略屈,左掌右拳不变,目视左前方。

(5)上动不停,以左脚为轴,身体右转90度,右腿略提,随转体向右、向后缠勾置于右侧,脚尖向下,同时右拳变掌,随转体向右带搂,掌心朝后,左掌变拳抱于腰间,目视右掌。

(6)上动不停,身体继续右转180度,右腿屈膝提起,同时右掌外旋后搂置于右脚踝部前方,掌心朝前,掌指向下,左拳变掌向上推架于头前上方,掌心朝上,掌指向右,目视前方。

技术要点

动作密切配合,连贯协调,缠勾明显,转体迅速,完整不懈。

图 4—2—16

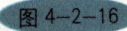 **丁步截把拳(截把锤)** ◆◆◆◆◆◆◆◆

动作方法 见图 4—2—17

（1）接上势,右脚向前落步,重心前移,左脚跟抬起,同时右掌沿身体右侧上摆至头顶,掌心朝上,左掌经面前下压至右腹前,目视前方。

（2）上动不停,身体左转 90 度,左脚并于右脚内侧呈左丁步,同时右掌变拳屈臂下截置于右大腿外侧上方，拳心朝左，拳眼向上，左掌变拳屈肘置于腹前，目视右方。

技术要点

两手动作配合连贯协调，右截快速有力，力达前臂外缘。

图 4—2—17

 弓步钻拳（猛虎出洞）

动作方法 见图 4—2—18

（1）接上势，右腿屈膝全蹲，左腿向左铲仆步呈左仆步，同时左前臂贴身外旋，拳置于左胸前，拳心朝里，拳眼朝左，右臂屈肘约 90 度抱贴于左前臂中部，拳心朝下，拳眼向里，目视左方。

（2）上动不停，身体左转 90 度呈左弓步，同时左臂内旋呈钻冲拳，右臂内旋向后下方冲拳，拳背向下，拳眼向左，目视前方，发"咦"声。

技术要点

钻拳要拧胯抖肩发力，灵活不僵，左拳冲击后自然弹回；发音以气催声至喉鼻发出，与动作配合一致。

图 4-2-18

蹲步冲拳(直面炮)

动作方法 见图 4-2-19

接上势,右脚向前震脚呈蹲步,同时右拳向前冲拳;左拳收于右肘关节上,拳心朝下,目视前方。

技术要点

震脚有力,两脚并齐,冲拳有力,冲出后自然弹回。

图 4-2-19

虚步双立掌(双关铁门)

动作方法 见图4-2-20

　　接上势，右脚后退半步呈左虚步，同时两拳变掌，两臂略屈，右掌置于左前臂内侧约10厘米，左掌高不过肩，右掌略抵于左掌，目视前方。

技术要点

　　肩与胯合，肘与膝合，手与脚合（即外三合）。

图4-2-20

第三节

第三段

　　第三段包括弓步连打、蹲步截把拳、弓步冲拳、马步格拳、弓步顶肘击掌、弹腿外摆腿、马步撤掌、腾空后摆腿、提膝后探爪和马步抖身等。

弓步连打(连环拳)

动作方法 见图4-3-1

　　（1）接上势，身体略左转，左脚向前上半步呈左弓步，同时右掌变拳屈肘向前横击肘，肘尖向前，左掌迎击右腕外侧，目视肘尖。

　　（2）上动不停，右脚提起扣于左膝后，左脚随即蹬地向前跳步，同

时右拳向前反击,拳心朝里,拳眼向右,左掌托于右肘下方,目视右拳。

(3)上动不停,两脚不变,右臂屈肘回收经胸前向前下方旋臂冲拳,拳心朝下,拳眼向左,左掌随右臂运转贴于右肘关节处,掌心朝下,目视右拳。

(4)上动不停,上体略右转,右脚向前落步,同时右拳抱于腰间,左掌附于右腕上,掌心朝下,掌指向右,目视前方。

技术要点

上步与击肘要同时进行,整个动作连贯协调,完整一致。

图4-3-1

蹲步截把拳(猛虎跳涧)

动作方法 见图4-3-2

（1）接上势，左脚向前上步，同时右拳变掌前撩，掌心朝上，掌指向前；左掌收于腰间，目视右掌。

（2）上动不停，上体略右转，右腿屈膝前摆，左脚蹬地向前跳起腾空，同时右掌变拳，收于腰间，左掌前撩，掌心朝上，高与肩平，目视左手。

（3）上动不停，两脚同时落地呈蹲步，同时两掌变拳，左拳收于胸前，拳心朝下，拳眼向里，右臂屈肘，右拳由胸前经左前臂下方向前盘截，拳心朝下，拳眼向内，目视前方。

技术要点

向前跳起要远要高，蹲步与盘截密切配合，同时完成，盘截抖劲发力。

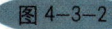

图4-3-2

弓步冲拳(七星拳)

动作方法 见图4-3-3

（1）接上势，右腿提膝，左腿略屈支撑，同时右拳变掌经左肘外侧向上、向外格挡，掌心朝里，掌指向上，左拳变掌附于右肘内侧，掌心朝下，目视右手。

（2）上动不停，右脚向右落步呈马步，同时右掌向下，向右经右大腿外侧搂手，手心向后，手指向下，左掌变拳抱于腰间，目视右侧前方。

（3）上动不停，身体右转90度呈右弓步，同时左拳随转体向前冲拳，拳心朝下，高与肩平，右掌变拳抱于腰间，目视左拳，发"嗯"声。

技术要点

搂手与冲拳要密切配合，连贯一致，冲拳要抖肩发力，力达拳面；发音以气催声，鼻音发出，声音沉闷。

图4-3-3

套路练习

马步格拳〔野马退槽〕

动作方法　见图4—3—4

（1）接上势，身体左转90度呈马步，同时左拳变掌屈臂外旋，呈内刁手置于左肩前，手心向左，手指向上，高与鼻平，目视左方。

（2）上动不停，左手变拳抱于腰间，右拳向下方撑格，力达拳、手腕外侧，高与膝平，拳心朝下，拳眼向左。

技术要点

动作连贯，发力短促。

图4—3—4

弓步顶肘击掌〔罗汉连打〕

动作方法　见图4—3—5

（1）接上势，身体左转90度，右脚向左脚内侧震脚呈蹲步，同时右臂略屈，右拳随转体向左摆挂于膝前，拳高与膝平，拳心朝里，拳眼向左，目视前方。

（2）上动不停，右脚向右横跨一步呈马步，同时右臂向右格击，力

达前臂外沿,目视右方。

（3）上动不停,左腿挺膝呈右弓步,同时右臂屈肘向右顶肘,肘尖向右,拳心朝下,左拳不变,目视右方。

（4）上动不停,上体右转90度,右拳变掌,旋臂转腕由胸前向前反击掌,掌背向前,掌指向上,目视右掌。

✿ 技术要点

外格,顶肘和反击掌要快速连贯,抖肩发力,动作短促有力。

图 4-3-5

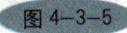

弹腿外摆腿(连环腿) ◆◆◆◆◆◆

✿ 动作方法 见图 4-3-6

（1）接上势,右腿支撑,左腿提起向前弹踢,高不过膝,脚面绷直,同时右掌变拳抱于腰间,目视前方。

（2）上动不停，左脚向前落步支撑，右腿外摆，同时两拳变掌依次击拍右脚面，目视右脚。

🌸 **技术要点**

左弹腿力达脚尖，弹出即回，外摆击拍力点要准确、响亮。

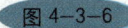
图 4-3-6

🌸 **动作方法** 见图 4-3-7

（1）接上势，身体右转 90 度，右脚落步略跳，左腿屈膝提起，脚面扣于右膝后，同时右掌向右平摆，掌心朝上，高与肩平，左臂屈肘置于胸前，掌心朝下，目视右手。

（2）上动不停，上体左转 90 度前俯，左脚向前落步呈左弓步，同时右掌由后向上、向前经头顶向下抓盖，掌心朝下，略离地面，左掌置于右肘下方，掌心朝下，目视前方。

（3）上动不停，身体右转 90 度呈马步，同时右掌变拳向右、向上摆至右侧上方，拳心朝左，高与肩平，左掌附于右肘内侧，掌心朝下，目视右方。

（4）上动不停，右拳向左抖腕变掌置于头部右前方，掌心朝左，目视左方。

技术要点

撒掌抖腕发力,动作幅度不宜过大,目随手走。

图 4—3—7

腾空后摆腿(横扫千军)

动作方法　见图 4—3—8

(1)接上势,两脚蹬地跳起腾空,身体右转 180 度,右腿随转体后摆,同时两手随转体摆动。

(2)上动不停,身体继续右转 180 度,两脚同时落地呈马步,同时左手向前推掌,右手向后按掌,目视前方。

技术要点

腾空要高,右腿后摆要平,速度要快,脚面绷直;腰、肩、腿配合协调,连贯一致。

图4-3-8

 提膝后探爪(仙人摘桃) ◆◆◆◆◆◆◆◆

动作方法 见图4-3-9

接上势,右腿挺膝直立,左腿
屈膝提起,同时左手沿体侧向后探
爪,手指向后,右手沿体侧向前、向
上探爪至头右上方,手指向后,目
视前方。

技术要点

两手探爪抡臂迅速,两手心内
凹,五指伸直不合拢。

图4-3-9

马步抖身(狮子抖毛)

动作方法 见图4-3-10

（1）接上势，左脚向左落步呈马步，上体略右转，同时左手向左、向前、向右前方外旋摆动，手心向上，右手收于腰间，目视左手。

（2）上动不停，在手继续向右平摆，随即收回经胸前收于左腰间，上体略左转，同时右手随左手向右后、向右、向前、向左外旋平摆，手心向上，目视右手。

（3）上动不停，两掌变拳迅速回抱于腰间，同时抖身，目视前方，发鼻音"嗯"。

技术要点

两手平摆要柔呈圆，抖身要以腰带肩，腰肩发力，抖劲突出，发音沉闷有力。

图4-3-10

套路练习

104

第四节

第四段

第四段包括弓步抄拳、歇步格拳、仆步切掌、提膝架抱拳、跃步插指弓步击推掌、缠头手、丁步冲拳、马步冲拳、左右斜拍脚、腾空二起脚、马步裁架拳、并步抱拳和收势等。

弓步抄拳(满肚痛)

动作方法 见图 4-4-1

接上势，身体右转 90 度呈右弓步，同时左拳向前、向上超击，拳心朝里，拳眼向左，高与肩平，目视左拳。

技术要点

弓步与抄拳同时进行，抄拳要抖肩发力，力达拳面。

图 4-4-1

歇步格拳(仙童让位)

动作方法 见图 4-4-2

接上势，身体左转 90 度，左脚向右腿后插步呈歇步，同时左拳由前向左斜下方格摆，拳心朝下，拳眼向右，目视左拳。

技术要点

格拳要抖肩发力，力达前臂外侧。

图 4—4—2

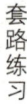 ## 仆步切掌(俯地市锦)

动作方法　见图 4—4—3

（1）接上势，左腿直立，右腿屈膝提起，同时右拳直臂向右、向下、向上屈肘格挡置于左耳旁，拳与耳平，拳心朝里，拳眼向右，左拳收抱于腰间，目视右方。

（2）上动不停，上体略右转，右脚向右铲腿平仆呈右仆步，同时右拳由上向下、向右摆切，置于右小腿内侧，拳心朝下，拳眼斜向左，目视右拳。

技术要点

切拳力达拳外沿。

图 4-4-3

提膝架抱拳(虎抱头)

动作方法 见图 4-4-4

接上势,右腿直立,左腿屈膝提起,同时右拳向右、向上抡架于额前上方约 10 厘米处,拳心朝下,拳眼向后,左臂屈肘置于腹前,拳心朝上,拳眼向外,目视左前方。

技术要点

动作挺拔稳固。

图 4-4-4

跃步插指弓步击推掌（摘星手）

🌸 **动作方法**　见图4—4—5

（1）接上势，身体右转90度，左脚向前落步，同时左拳变指前插，食指与中指相距约1.5厘米，手心向下，右拳收于腰间，目视左指。

（2）上动不停，身体略左转，右脚上步，左脚前摆，右脚蹬地向前跃起腾空，同时右拳变指前插，食指与中指相距约1.5厘米，手心向下，左掌变拳收于腰间，拳心朝上，目视右指。

（3）上动不停，身体左转90度，两脚先左后右依次落地呈马步，同时两拳变掌，右上左下，掌心朝上屈肘置于腹前左侧，目视左方。

（4）上动不停，身体右转90度呈右弓步，同时右掌向前横掌击出，掌心朝里，掌指向左，高与肩平，左掌内旋向前推出，掌心朝前，虎口向上，高与腹平，目视右掌。

🌸 **技术要点**

跃步与左、右插指要密切配合，协调完整；击推掌要拧腰抖肩，劲力迅猛。

图 4-4-5

缠头手（云顶）

动作方法 见图 4-4-6

（1）接上势，身体右转 90 度，重心上移，左脚向前上步，脚尖里扣，右脚尖外摆，同时右掌外旋置于左腋下，掌心朝上，左掌内旋向右、向上置于头顶，掌心朝上。

（2）上动不停，身体继续右转 180 度，右脚随转体向右上步，同时右掌向右、向上云托置于头部上方，掌心朝上，左掌外旋由上向下云托置于右腋前，掌心朝上，虎口向外。

（3）上动不停，身体继续右转 90 度，同时两掌变拳抱于腰间，目视前方。

图 4—4—6

技术要点

缠头动作与转体要密切配合,协调完成,缠头动作不要太大。

丁步冲拳(七星)

动作方法 见图 4—4—7

接上势,左脚向前上步呈左丁步,同时右拳向前平冲,拳心朝下,拳眼向左,高与肩平,左臂屈肘前撑,拳面抵于右肘内侧,拳心朝下,目视右拳。

技术要点

右冲拳要抖肩发力,力达拳面。

图 4—4—7

马步冲拳(马步单鞭)

动作方法 见图4-4-8

(1)接上势,身体右转90度,左脚向左横跨一步呈马步,同时两拳外旋屈肘合于胸前并齐,拳心朝里,高与下颌平,目视前方。

(2)上动不停,两拳分别向身体两侧平冲,拳心均向下,拳眼向前,高与肩平,目视左拳。

技术要点

冲拳快速,自然弹回,力达拳面。

图4-4-8

左右斜拍脚(十字踩脚)

动作方法 见图4-4-9

(1)接上势,身体左转90度,重心上移,左脚回撤半步呈前点步,同时两拳抱于腰间,拳心朝上,目视前方。

(2)上动不停,右腿屈膝提起向前弹踢,脚面绷直,同时右拳变掌内旋,向前插掌迎拍右脚面,高与肩平,目视右脚。

(3)上动不停,右脚回落与左脚并齐,同时左掌变拳抱于腰间,目

视前方。

（4）上动不停，左腿屈膝提起向前上方弹踢，脚面绷直，同时右拳变掌内旋，向前插掌迎拍左脚面，高与肩平，目视左脚。

（5）上动不停，左脚回落呈并步，同时右掌变拳抱于腰间，拳心朝上，目视前方。

技术要点

两脚弹踢与两掌拍击要协调一致，同时进行；拍击力点要准确响亮。

图 4—4—9

腾空二起脚(二起踩脚)

动作方法 见图 4—4—10

（1）接上势，两脚同时蹬地，身体跃起腾空，在空中右腿屈膝提起，脚面绷直向前弹踢，左脚屈膝上提，同时右拳变掌，向前插掌迎拍右脚面，高与胸平，目视右掌。

（2）两脚同时落地，并步站立，同时右掌变拳抱于腰间，目视前方。

技术要点

腾空要高，击拍要准确响亮。

图 4—4—10

马步栽架拳(坐山势)

动作方法 见图 4—4—11

（1）接上势，身体右转 90 度，同时右腿震脚，左腿屈膝提起，脚面扣于右膝后，两拳抱于腰间不变，目视前方。

（2）上动不停，身体左转 90 度，左脚向前落步呈左弓步，同时右拳随转体向前抄击，拳心朝里，拳眼向右，左拳变掌，掌心朝下，按下右肘上方，目视右拳。

（3）上动不停，身体右转 90 度呈马步，同时右拳内旋，向上架于头部前上方约 15 厘米处，拳心朝前，拳眼向下，左掌内旋变拳下截，拳面顶于左膝上，拳心朝后，目视左方，发"威"声。

技术要点

抄架拳要连贯协调，抖肩发力；发声要响亮、浑厚。

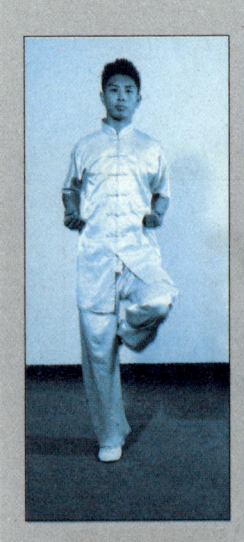

图 4-4-11

并步抱拳〔天王抱琴〕

动作方法　　见图 4-4-12

接上势，左脚向右呈并步，同时两拳抱于腰间，目视左方。

技术要点

并步与抱拳要协调一致，挺胸收腹。

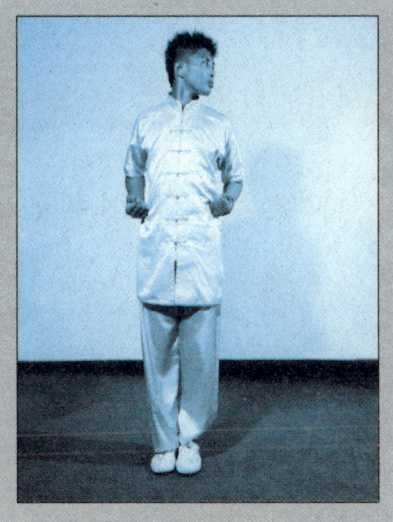

图 4—4—12

 收势 ◆◆◆◆◆◆◆

动作方法 见图 4—4—13

接上势，两拳同时自然下垂至身体两侧，目视前方。

技术要点

平心静气，体态自然，精神内敛。

图 4—4—13

第五章 基本规则

　　制定各项运动的比赛规则,有助于全民健身运动的深入开展。比赛参与者应该了解运动规则的基本知识, 以使自己在比赛过程中游刃有余地发挥技术水平。比赛观赏者也只有在了解基本规则的前提下,才能够充分体验到观赏比赛的乐趣。

第一节

比赛方法

　　参赛选手要按照一定的方法进行比赛,并须遵循一定的规则,以使比赛有序进行。

比赛性质 ◆◆◆◆◆◆◆◆

比赛类型

少林拳比赛包括个人赛和团体赛。

年龄组别

　　(1)成年组:18 周岁以上(含 18 周岁)。

　　(2)少年组:12～17 周岁。

　　(3)儿童组:不满 12 周岁。

比赛流程 ◆◆◆◆◆◆◆◆

比赛流程包括进场、起势、收势和退场等。

　　(1)选手听到点名或看到电子显示姓名后,应立即进场,待裁判长示意后,即可走向起势位置。

　　(2)选手身体任何部位开始动作即为起势。

　　(3)选手完成整套动作后,必须并步收势,再转向裁判长行注目礼,然后退场。

　　(4)选手应在同侧场内完成相同方向(左右不得超过 90 度)的起势与收势。

　　(5)选手听到上场比赛的点名和赛后示分时,应向裁判长行抱拳礼。

第二节

裁判方法

在比赛过程中,裁判人员通过履行其职责,进行正确的裁判工作,来保证比赛的公平、公正。

裁判人员

裁判人员包括裁判长和裁判员。其中,裁判员包括 3～5 名评判动作规格的裁判员和 3～5 名评判演练水平的裁判员。

评分

比赛满分为 10 分,其中动作规格分值为 6.8 分,演练水平分值为 3 分,创新难度分值为 0.2 分。

裁判员评分

❀ 动作规格分

动作规格分满分为 6.8 分。裁判员根据选手现场发挥的技术水平,按照动作规格要求,减去该动作规格中出现的错误扣分和其他错误的扣分,即为选手的动作规格分。

❀ 演练水平分

演练水平分满分为 3 分。裁判员根据选手现场表现的整套演练水平,按照少林拳在功力、演练技巧、编排等方面的标准,整体比较,确定扣分,从该类分值中减去应扣分数,即为选手的演练水平分。

❀ 裁判员示分

裁判员所示分数可到小数点后两位数,小数点后第 2 位数必须是 0 或 5。

❀ 应得分数

动作规格分与演练水平分之和即为选手的应得分数。动作规格分与演练水平分的确定方法为：

(1)3 个裁判员评分时,取 3 个分数的平均值为选手的应得分。

(2)4～5 个裁判员评分时,去掉最高分和最低分,取中间 2 个或 3 个分数的平均值为选手的应得分。

(3)选手的应得分数只取到小数点后两位数,小数点后第 3 位不作四舍五入。

裁判长扣分

❀ 起势、收势

(1)起势与收势方向不符合要求者,扣 0.1 分。

(2)起势与收势有意拖延时间,一个动作达 8 秒者,扣 0.1 分;达 10 秒者,扣 0.2 分;达 12 秒者,扣 0.3 分。

❀ 重做

(1)选手因客观原因,造成比赛套路中断,经裁判长允许,可重做一次,不予扣分。

(2)选手因动作遗忘、失误等原因造成比赛套路中断,可重做一次,扣 1 分。

(3)选手临场受伤不能继续比赛,裁判长有权令其中止,经过简单治疗即可继续比赛的,可安排在该组最后一名继续上场,按重做处理,扣 1 分。

❀ 出界

(1)身体的某一部位接触边线外地面,扣 0.1 分。

(2)整个身体出界,扣 0.2 分。

❀ 平衡时间不足

(1)凡指定的持久平衡动作的静止时间不足 1 秒者,扣 0.2 分。

(2)不足 2 秒者,扣 0.1 分。

不足或超出规定时间

(1)没有在规定时间内完成套路,不足或超出规定时间在 2 秒内者(含 2 秒),扣 0.1 分。

(2)在 2 秒以上至 4 秒以内者(含 4 秒),扣 0.2 分,以此类推。

服装不符合规定

在比赛中,发现选手服装违反规定,则取消其该项成绩。

动作组别不够

任何自选套路,动作组别少于规定的要求时,每少 1 个手形、步形、腿法、跳跃、平衡动作和规定的一种方法,扣 0.3 分。步形和平衡动作,均以定势为准,过渡的或一晃而过的都不算规定的步形和平衡。

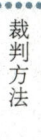

规定套路的动作缺少或增加

(1)漏做或增加一个完整的动作,扣 0.2 分。

(2)跳跃动作的助跑步数或行进动作的步数缺少或增加,每出现 1 次,扣 0.1 分。

指定动作扣分

(1)如未选择一组"指定动作",除扣去该组指定动作的难度分值外,还应按漏做动作扣分,每漏做 1 个动作扣 0.3 分。

(2)附加或漏做 1 个或几个动作时,按动作附加或漏做动作扣分,每附加或漏做 1 个动作扣 0.3 分。

(3)改变动作可视为附加或漏做。

(4)每改变 1 次规定要求的方向,扣 0.3 分,如果由于方向改变出现附加或漏做,则按附加或漏做扣分。

(5)重做指定动作的部分或全部,对动作中错误的扣分,以第 1 次完成的动作为准。

(6)自选套路指定动作位置确定表填报错误,将在该项最后得分中扣 0.3 分。

裁判长对评分调整

（1）当评分出现明显不合理现象时，在出示选手最后得分前，裁判长须报告总裁判长，经总裁判组同意，可召集场上裁判员协商或同个别有关裁判协商，改变分数。

（2）当有效分数（除去最高与最低）之间出现不允许的差数时，在出示选手的最后得分前，裁判长可召集场上裁判员协商或同个别有关裁判协助协商，改变分数。

最后得分

裁判长从选手的应得分中减去"裁判长扣分"，再加上"创新难度动作"加分，即为选手的最后得分。